Einzug Ottos des Großen in Magdeburg (Kulturhistorisches Museum 🔍 S. 47)

landschaft und im gesamten Reich. Unter seiner Herrschaft gedieh die Grenzpfalz zu einem bedeutenden Wirtschafts- und Bildungszentrum. Dass sich Magdeburg allmählich zur Stadt entwickelte, hatte wohl auch etwas mit Ottos Liebe zu seiner Frau zu tun, der er nichts abschlagen konnte. Vermutlich war sie bei vielen Vorhaben sogar die treibende Kraft.

Am 26. Januar *946 starb Editha* und wurde in der Krypta der Klosterkirche beigesetzt (🔍 S. 18). Ottos Sieg über die Ungarn auf dem Lechfeld hatte sie nicht mehr erlebt. Durch diesen Triumph über die heidnischen Hunnen war aus Otto I. Otto der Große geworden und damit der noch ungekrönte Kaiser des christlichen Abendlandes. Den Titel eines Königs von (Nord-)Italien besaß er bereits.

951 brach Otto von Magdeburg nach Italien auf, um Adelheid von Burgund, der jungen Witwe des vergifteten Langobardenkönigs Lothar II., gegen ihre Widersacher beizustehen. Otto überquerte die Alpen und stellte die alte Ordnung wieder her. Die gebildete junge Witwe, die später zur Heiligen ernannt wurde, nahm er zur Frau. Trotz neuer Verpflichtungen und langer Abwesenheit blieb Magdeburg sein Lieblingsort.

955 legte Otto der Große hier den Grundstein für eine neue Kirche. Über dem Grab von Editha sollte eine an Größe und Schönheit alles übertreffende Basilika entstehen, ein ottonischer Dom, der einmal das Zentrum eines noch zu gründenden Erzbistums sein würde. Dagegen liefen der Erzbischof von Mainz und Bischof Burchard von Halberstadt Sturm. Otto blieb hartnäckig, und das Bauwerk wuchs stetig empor.

Am 2. Februar 962 krönte der Papst *Otto I. zum Kaiser und Adelheid zur Kaiserin*. Das war die Geburtsstunde des Heiligen Römischen Reiches

Deutscher Nation. Bis zur Gründung des Erzbistums Magdeburg sollten allerdings noch sechs Jahre vergehen. Unterdessen stattete Otto seine Basilika mit Schätzen aus, die er auf Tierrücken, auf Schlitten und Wagen über die Alpen schaffen ließ: antike und byzantinische Säulen, Gold und Edelsteine, Marmor, Kapitelle, Mosaiken und Porphyr. Durch Otto den Großen wurde aus Magdeburg das „dritte Rom" (🔎 S. 15).

Für die Benediktinermönche war nun kein Platz mehr. Otto schenkte ihnen den in der Nähe gelegenen zweiten Königshof. Am heutigen Klosterbergegarten entstand eine dem Apostel Johannes geweihte Abtei (🔎 S. 84). 968 wurde *Magdeburg zum Erzbistum* erhoben. Die Bistümer Merseburg und Zeitz, Meißen, Havelberg und Brandenburg waren ihm jetzt unterstellt. Weihnachten wurde Adalbert I. von Trier als erster Erzbischof in sein Amt eingeführt.

973 weilte der Kaiser mit seiner Gemahlin und dem ältesten Sohn ein letztes Mal in Magdeburg und an Edithas Grab. Das Osterfest verbrachte man in Quedlinburg, zu Himmelfahrt war Otto in Merseburg. Am 6. Mai traf er in der Pfalz Memleben ein. Dort starb er am Tag darauf. „Sein mit Spezereien behandelter Leib (wurde) nach Magdeburg überführt. Sein Sohn Otto II. und die Fürsten des Reiches gaben ihm das Ehrengeleit. Im Dom von Magdeburg wurde er durch die Erzbischöfe Gero von Köln und Adalbert von Magdeburg an der Seite seiner ersten Frau Editha bestattet", berichtete der Chronist Thietmar von Merseburg.

◇◇◇◇◇

Blühende Bischofsstadt

Auch die späteren deutschen Könige und Kaiser weilten noch gelegentlich in Magdeburg. Philipp von Schwaben feierte hier im Jahre 1199 mit seinem Hofstaat das Weihnachtsfest, was Walter von der Vogelweide in einem Gedicht besang. Magdeburg war zu dieser Zeit bereits eine blühende Bischofsstadt. Der Neue Markt, auf dem am Todestag von Mauritius die „Herrenmesse" veranstaltet und gehandelt wurde, lag vor dem Dom. Den Mittelpunkt der Bürgerstadt hingegen bildete der Alte Markt. Schon relativ zeitig entwickelte sich eine Neustadt. Von einem eigenen Mauerring umgeben lag sie neben der „Alten Stadt Magdeburg".

Unter den Erzbischöfen, die zum Aufblühen der Stadt beigetragen haben, tritt besonders Wichmann von Seeburg hervor. Er hatte das „Ius Magdeburgense", das *„Magdeburger Stadtrecht"*, das Bürgermeister und Rat an die Spitze stellte und das zur Richtschnur für das städtische Leben, für Handwerk und Handel wurde, 1188 niederschreiben lassen. Dieses Recht wurde zur Grundlage für neue Städtegründungen, besonders im Osten.

Wie Ottos viel gerühmter Dom ausgesehen hatte, ist nicht überliefert. 1207 brach am Freitag vor Ostern ein Großfeuer aus, dem viele Straßenzüge zum Opfer fielen. Auch der Dom wurde beschädigt. Zweifellos hätte das Gotteshaus wieder hergestellt werden können. Doch Erzbischof Albrecht II. hatte in Frankreich studiert und Notre Dame ge-

Wolfgang Knape

Ottostadt
MAGDEBURG

Auf Entdeckungstour durch die 1 200-jährige Domstadt

Der Autor. Wolfgang Knape, 1947 in Stolberg/Harz geboren, arbeitet seit mehr als drei Jahrzehnten als freier Schriftsteller in Leipzig. Ein wichtiges Thema ist für ihn die mitteldeutsche Heimat. Er interessiert sich besonders für die Menschen, die in den Orten wohnen und wohnten. Daraus entstehen immer wieder die schönsten Geschichten, die Lust darauf machen, eine Stadt oder Gegend näher kennen zu lernen. Der ausgebildete wissenschaftliche Bibliothekar veröffentlichte zahlreiche Reisebücher, Biographien, Kinderbücher und heitere Erzählungen. Für den Rundfunk entstanden Hörstücke für Kinder und Erwachsene. Unterhaltsame Reiseführer über Weimar, Stolberg und Erfurt erschienen in unserem Verlag.

Kunst, wohin man schaut. Hier: der Apel-Brunnen in der Leiterstraße

Geschichtliches

Als der älteste Sohn von König Heinrich I. und der Königin Mathilde im Jahre 930 in der Stiftskirche Quedlinburg mit der englischen Prinzessin Edgith (Editha) verheiratet wurde, war er gerade mal siebzehn Jahre alt. Und obschon diese vom Vater geschickt eingefädelte Verbindung einem höheren „Interesse" zu dienen hatte, war Otto tatsächlich verliebt! Am Hochzeitsmorgen schenkte er seiner Braut den Königshof Magdeburg. Und als die Fünfzehnjährige die „Morgengabe" in Augenschein nahm, war sie von der anmutigen Lage des Ortes und von der Elbaue so angetan, dass sie „magadoburg" sofort ins Herz schloss.

∽∽∽∽∽

Lieblingsort Ottos I.

Zu jener Zeit war das an der Ostgrenze des Reiches gelegene Magdeburg, das sich später auch „meydeburg" nannte, was einen sofort an eine Burg mit Jungfrauen denken lässt, bereits ein wichtiger Marktflecken. Fernhandelsstraßen führten hier entlang. Land- und Wasserwege kreuzten sich. Durch die Elbe führte eine Furt. Schon Ottos Vater hatte den Ort ausbauen und den Königshof, in dessen Schutz auch die hiesigen Fischer und Bauern lebten, verstärken lassen. Magdeburgs Eintritt in die Geschichte beginnt also lange vor dieser Hochzeit und den Kriegszügen Heinrichs gegen die Slawen.

Einen ersten Hinweis findet man im Diedenhofer Kapitular von Karl dem Großen. Zu diesem Zeitpunkt gehörte das bis an Elbe und Saale reichende und von sächsischen Stämmen besiedelte Gebiet zum fränkischen Reich. Das im Jahr 805 verfasste Kapitular gilt als *„Geburtsurkunde"* der Stadt.

Ihre ersten Ehejahre verbrachten Otto und Editha in Magdeburg. 936 starb Heinrich I. in Memleben und *Otto wurde zum König* gewählt. Einen Regierungssitz nach heutigem Verständnis gab es noch nicht. Und so zog auch der neue König mit seinem Hofstaat von Pfalz zu Pfalz. Otto war ein Reisekönig par excellence. Dennoch blieb Magdeburg für ihn der Mittelpunkt. Keine andere Stadt, heißt es, habe der König so häufig besucht, keine andere so reich beschenkt und an keinem anderen Ort habe er so viele Urkunden unterzeichnet wie hier. Bereits 937 lud Otto I. zu einer glanzvollen Reichsversammlung nach Magdeburg ein. Bei dieser Gelegenheit stiftete er ein dem heiligen Mauritius und seinen Gefährten geweihtes Kloster. Das sollte zugleich ihm und seiner Familie als Grablege dienen ($\mathcal{P}$ S. 15).

Mit der Moritz-Verehrung hatte Otto ein unmissverständliches Zeichen gen Osten gesetzt. Sein Ziel war die Christianisierung der Slawen, und Magdeburg erwies sich dabei als idealer Ausgangspunkt. Bis zur Gründung des Erzbistums im Jahre 968 bedachte der König das Mauritiuskloster mit weit über fünfzig Schenkungen, darunter Ländereien und Dörfer in der fruchtbaren Börde-

sehen. Er ließ den ottonischen Dom abreißen, baute neu und – erstmals in Deutschland – in gotischem Stil. 1363 wurde der Dom geweiht (🔎 S. 15). 1520 fand der Turmbau seinen Abschluss. Damit gehört der Magdeburger Dom zu den wenigen Großkirchen, die im Mittelalter begonnen und vollendet worden sind.

Als die Türme eingeweiht wurden, war die Reformation bereits in vollem Gange. Schuld daran war nicht zuletzt der nach Halle geflüchtete Erzbischof Albrecht von Brandenburg. Albrecht lebte auf großem Fuß. Um an neues Geld zu kommen, schickte er den Ablasshändler Johannes Tetzel nach Magdeburg und Halberstadt. Luther reagierte mit seinem Thesenanschlag, und als der Schmalkaldische Bund zum Schutz der Reformation gegründet wurde, traten ihm die Magdeburger als Erste bei. „Unseres Herrgotts Kanzlei" nannte man die Stadt in der *Reformationszeit*. Protestantische Werke und Flugschriften, die andernorts nicht gedruckt werden konnten, erschienen hier.

Otto von Guericke am Neuen Rathaus

◇◇◇◇◇

Fall und Aufstieg

Während des Dreißigjährigen Krieges belagerten die Wallensteiner monatelang vergeblich die Stadt. Doch am *10. Mai 1631* fiel der kaiserliche General Tilly mit seinen Söldnern mordend und brandschatzend in Magdeburg ein. Von den 30 000 Bewohnern fanden 20 000 den Tod. Es war das schrecklichste Massaker dieses Krieges. Als „Magdeburger Hochzeit" ging diese „Zwangsvermählung" zwischen dem Kaiser und der „Jungfrau Magdeburg" in die Geschichte ein.

Otto Guericke leitete den Wiederaufbau der zerstörten Stadt. Er war Bürgermeister und Erster Bauherr. Als Diplomat vertrat er die Magdeburger Interessen auf den Reichstagen und bei den Friedensverhandlungen von Münster und Osnabrück.

Guericke, 1602 in Magdeburg geboren, war ein begnadeter Wissenschaftler und Erfinder (🔎 S. 65, 73). Er starb, vom Kaiser geadelt, 1686 in Hamburg. Da waren die Wunden des Krieges noch nicht verheilt und Magdeburg war eine *brandenburgische Stadt*. Der Große Kurfürst holte Glaubensflüchtlinge aus der Pfalz und aus Frankreich ins Land, um den Bevölkerungsverlust auszugleichen.

Vierhundert Familien kamen nach Magdeburg. Die Refugiés führten die Seidenraupenzucht, die Tabakindustrie, die Manufaktur und den mechanischen Strumpfwebstuhl ein. Es wurde wieder produziert, getanzt und gehandelt, und allmählich gewöhnte man sich an die Fremden.

Zwischen 1715 und 1740 baute Fürst Leopold von Dessau Magdeburg zur stärksten *preußischen Festung* aus. In ihr wurden 1730 Friedrich Wilhelm von Steuben (🔎 S. 42) und 1821 Hermann Jacques Gruson (🔎 S. 86) geboren. Der eine wurde Generalstabsoffizier in der preußischen Armee und Berater von George Washington. Der andere baute Maschinen und erfand den Hartguss, der nicht nur bei der Eisenbahn und beim Bau von Panzertürmen für Befestigungsanlagen zur Anwendung kam. 1893 übernahm Friedrich Krupp das florierende Unternehmen, das nun Krupp-Gruson hieß und der wichtigste Arbeitgeber der Stadt wurde.

Zu den *erfolgreichen Jungunternehmern* gehörte auch Rudolf Ernst Wolf mit seiner Dampfkessel- und Lokomobilfabrik. 1849 erfand Bernhard Schäfer das Plattenfeder-Manometer. Von da an flogen Dampfkessel und Lokomobile immer seltener in die Luft. Auch die Bauern der Börde wurden von Magdeburg her mit Geräten und die Arbeitsvorgänge revolutionierenden Maschinen versorgt. Im *Technikmuseum* an der Dodendorfer Straße ist jede Menge darüber zu erfahren. Auch über die Junkerswerke in Magdeburg.

ℹ S. 92

Ein Glücksfall in dieser Aufbruchszeit waren so weitsichtige Bürgermeister wie August Wilhelm Francke (Bürgermeister von 1817 bis 1848) und Carl Gustav Friedrich Hasselbach (1851 bis 1881). Im Jahre 1837 wurde die „Hamburg-Magdeburgische Schiffahrts-Companie" gegründet. In der Maschinenfabrik „Alte Bude" in Buckau ging der erste Elbdampfer vom Stapel. 1840 kam die Eisenbahn nach Magdeburg. Dem preußischen Militärfiskus trotzten die Bürgermeister immer neue Flächen ab. Der Festungscharakter wurde schließlich ganz aufgegeben. Die große Stadterweiterung begann.

Dampfhammer (Baujahr 1891) aus den Krupp-Gruson-Werken, heute im *Technikmuseum Magdeburg*

Magdeburg war inzwischen zur **Großstadt** aufgestiegen. Von 1919 bis 1932 wurde sie von dem Sozialdemokraten Hermann Beims regiert. Beims holte den Architekten und „Farbapostel" Bruno Taut mit ins Boot und dieser den Architekten Karl Crayl. Magdeburg wurde zur „Stadt des Neuen Bauens". Man orientierte sich jetzt an den Bedürfnissen ihrer Bewohner (vor allem der Arbeiter). Die Idee, graue Stadthäuser farbig anzustreichen, entstand hier.

Während des Zweiten Weltkrieges war die kriegswichtige Stadt Ziel von Luftangriffen. Der schwerste fand am **16. Januar 1945** statt. Bei Kriegsende war Magdeburg zu fast zwei Dritteln zerstört. Von einst 330 000 Einwohnern lebten noch 90 000 in der Stadt. Am 18. April besetzten amerikanische Truppen das Westufer von Magdeburg. Die Rote Armee richtete sich auf der anderen Stadtseite ein. Am 1. Juli zogen sich die Amerikaner zurück. Magdeburg gehörte jetzt vollständig zur sowjetisch besetzten Zone (SBZ), war für kurze Zeit Hauptstadt des Landes Sachsen-Anhalt und ab 1952 Bezirksstadt.

Mit dem Wiederaufbau entwickelte sich Magdeburg zum **Zentrum des DDR-Schwermaschinenbaus**. Die nahegelegene Magdeburger Börde begünstigte die Entwicklung der Nahrungs- und Genussmittelindustrie. Für die chemische Industrie stand der Name Fahlberg-List. Das bedeutendste Unternehmen blieb jedoch der VEB Schwermaschinenbau-Kombinat „Ernst Thälmann" (SKET): In 18 Teilbetrieben waren etwa 30 000 Menschen beschäftigt

und wie schon vor dem Krieg bei Krupp-Gruson konnte auch hier der Enkel den Spind des Großvaters übernehmen.

⬥⬥⬥⬥⬥

Schatzkammer europäischer Geschichte

Im Herbst 1989 war der Dom für viele Magdeburger zu einem wichtigen Treffpunkt geworden. Seit den frühen Achtzigerjahren fanden hier die wöchentlichen Friedensgebete statt, an denen zunehmend auch Ausreisewillige teilnahmen und Menschen, die das Bedürfnis hatten, angesichts der katastrophalen Verhältnisse im Land Wege zur Veränderung zu diskutieren.

An dem kritischen 9. Oktober versammelten sich im Magdeburger Dom viertausend Menschen, während draußen zehn- bis zwanzigtausend Sicherheitsleute, Bereitschaftspolizisten und Kampfgruppen ihre Posten bezogen. Mannschaftswagen und Wasserwerfer standen bereit und niemand wusste, was geschehen würde. Zwei Wochen später herrschte in Magdeburg noch immer die gleiche Situation. Doch da gab es nach Gebet und Diskussion eine Schweigeminute. Dann öffneten sich die Türen des Domes. Die Menschen traten heraus. Gingen, mit Kerzen in den Händen, an den Uniformierten vorbei und demonstrierten den aufrechten Gang. Von da an war auch in Magdeburg nichts mehr wie es einmal war.

Im März 1990 fanden die ersten freien Wahlen statt und am 3. Oktober feierte man wie überall die wiedererlangte Einheit. Am 28. Oktober

Jahrtausendturm im Elbauenpark

trat der erstmals gewählte Landtag von Sachsen-Anhalt zusammen und bestimmte Magdeburg zur Hauptstadt. Eine rasante Entwicklung setzte nun ein. Investoren-Architektur schoss in die Höhe. Dem Verfall preisgegebene historische Bauten feierten ihre Wiedergeburt.

1993 schlossen sich die Technische Universität, die Pädagogische Hochschule und die Medizinische Akademie – allesamt in den 1950er Jahren gegründet – zur *„Otto-von-Guericke-Universität Magdeburg"* zusammen. Sie umfasst neun Fakultäten, darunter Medizin und Mathematik, Human- und Naturwissenschaften, Maschinenbau und Informatik. Außerdem gibt es die Hochschule Magdeburg-Stendal.

Schwieriger gestaltete sich die wirtschaftliche Entwicklung. Den VEB Schwermaschinenbau-Kombinat „Ernst Thälmann" gab es in dieser Form nicht mehr. Es kam zu Ausgründungen und zur Bildung von Auffanggesellschaften. Das martialische Denkmal Ernst Thälmanns ist heute auf dem Freigelände des *Technikmuseums* zu sehen. Im März 2022 verkündete der US-amerikanische Konzern Intel Corporation, in Magdeburg seine Giga-Fabrik für die Produktion von Speicherchips zu bauen, die größte Firmenansiedlung in Deutschland seit Jahrzehnten!

Magdeburg besitzt den größten *Binnenhafen* im Osten Deutschlands, der von seiner Lage an der Elbe und von dem neuen Wasserstraßenkreuz erheblich profitiert. Die Stadt ist zudem ein beliebter Kongress- und wichtiger Tourismusort. Am 7. Mai 1993 wurde hier die *„Straße der Romanik"* eingeweiht, die zu über 80 Kirchen, Klöster und Burgen in Sachsen-Anhalt führt.

Als man im Jahre 2001 im Vorfeld der Ausstellung „Otto der Große – Magdeburg und Europa" auf dem Domplatz eine Sandsteinadaption einweihen und ein Toilettenhäuschen aufstellen wollte, entdeckten die Arbeiter beim Ausheben eines Versorgungsgrabens ein Repräsentativ-Grab aus dem 10. Jahrhundert. Es bezieht sich auf einen stattlichen Kirchenbau aus ottonischer Zeit, von dem man bislang keine Kenntnis hatte. In den zurückliegenden Jahren konzentrierten sich die *Forschungsgrabungen* hauptsächlich auf den Dom St. Mauritius und St. Katharina. Dabei stieß man unter dem 1209 begonnenen Bauwerk auf die Mauern des neunzig Meter langen ersten Kaiserdoms (S. 24).

Die Landeshauptstadt von Sachsen-Anhalt, die sich auch als *Zentrum der Telemann-Forschung* und -Pflege versteht, ist eine Schatzkammer der Kultur und der europäischen Geschichte. Seit 2010 schmückt sie sich deshalb zurecht mit dem Namen ihrer beiden Großen.

Der „Magdeburger Reiter", vergoldete Bronzekopie von 1966 auf einer Säule am Alten Markt

Die Entdecker-Touren

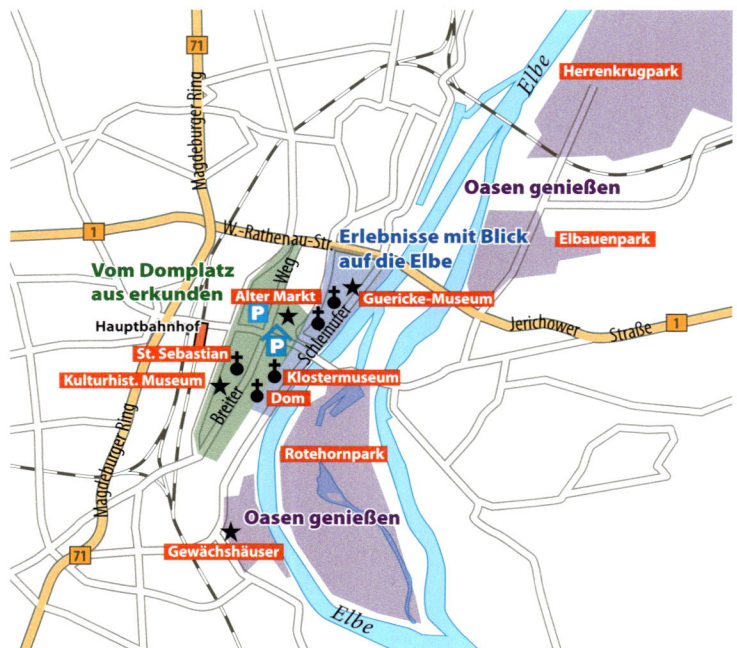

In Magdeburg beginnt irgendwie alles am Dom – zurecht! Und dieser Rund-gang macht da keine Ausnahme. Über den Domplatz führen wenige Schrit-te zum romanischen Kloster Unser Lieben Frauen. Ein Stück weiter steht man auf dem Markt und vor dem stolzen Reiter, der für die Magdeburger Otto I. ist. Das Original dieses Kunstwerkes kann man im Kulturhistorischen Museum bestaunen, zu dem wir über den Breiten Weg mit Hundertwasser-haus und St. Sebastianskirche gelangen, stets begleitet von ganz viel Kunst.

Dann geht es an die Elbe – zum Fürstenwall, dem Park, der Bastion, dem Palais im Stil der italienischen Hochrenaissance. An der Uferpromenade entlang, erblicken wir Kirchen, eine Schiffmühle am Petriförder, natürlich Schiffe und am Ende das Guericke-Zentrum, das sich dem anderen be-rühmten Otto widmet.

Natur und Entspannung findet man in Magdeburg nicht nur in den Parks, also im Elbauenpark, im Rotehornpark, im Klosterbergegarten und im Her-renkrug, sondern auch in Grusons Gewächshäusern.

Aussicht vom Turm der Johanniskirche

Vom Domplatz aus erkunden

Westportal am Dom

Dom St. Mauritius und Katharina

Dieser Dom, dessen Grundstein vor acht Jahrhunderten gelegt wurde, hat es in sich! Sobald man die Klinke mit dem blankgegriffenen Bronze-Vogel niedergedrückt, den Fuß über die Schwelle gesetzt hat und sich die schwere Tür hinter einem schließt, ist man eingetaucht in eine phantastische mittelalterliche Welt, aus der es so schnell kein Entrinnen gibt!

Baugeschichte. Dass diese Kathedrale, die das erste im gotischen Stil errichtete Bauwerk auf deutschem Boden ist, überhaupt gebaut werden konnte, verdanken wir dem Ehrgeiz eines Erzbischofs und der Intensität einer Feuersbrunst. Der Bischof hieß Albrecht II. von Käfernburg, hatte in Paris studiert und war 1205 nach Magdeburg gekommen.

Der Erzbischof war jung und voller Tatendrang und einen Wiederaufbau des ottonischen Domes zog er erst gar nicht ins Kalkül. Albrecht wollte neu und gotisch bauen, wie er das in Frankreich gesehen hatte, obwohl das Zeitalter der Romanik

Die *Feuersbrunst* ereignete sich an „dem stillen fridage to middage alls men dat cruz erede", am Freitag vor Ostern also und zwei Jahre nach Albrechts Einführung ins Amt. Das Feuer griff vom Breiten Weg her auf angrenzende Straßen über. „Und die Flammen flogen auf den Dom und verbrannten das Münster, die Türme, den Remter und besonders die Klausur", berichtet die Magdeburger Schöppenchronik. Auch Gebäude der erzbischöflichen Residenz wurden erfasst „und alle Glocken fielen herab außer einer kleinen".

längst nicht vorbei war. So wurden die Mauern des alten Domes niedergerissen. Wohl schon zum Osterfest 1207 legte Albrecht II. im Beisein päpstlicher Gesandter, Bischöfe und weltlicher Fürsten den Grundstein für einen gotischen Dom. In ihm behielten die Gräber von Otto I. und Editha ihren zentralen Platz. Dieser gewaltige Sakralbau wurde 1363 geweiht. Die Arbeiten an der Westfassade fanden 1520 mit der Vollendung der Türme ihren Abschluss.

Von beiden Schutzpatronen, den Märtyrern Katharina und Mauritius, wurden im Dom kostbare Reliquien aufbewahrt: ein Finger, heißt es, von Katharina und die Gebeine von Mauritius sowie die Hirnschale und das Kopfreliquiar. Mauritius war schon der Schutzheilige des von Otto I. gestifteten Moritzklosters und dessen Kirche gewesen (🔎 S. 4). Über deren Krypta und der Grablege seiner Frau hatte der König 955 jenen prachtvollen ersten Dom errichten lassen, der Magdeburg neben Konstantinopel und Rom stellte und der mit Gründung des Erzbistums Bischofskirche wurde. In den Neubau ließ Albrecht II. auch Kostbarkeiten aus dem alten Dom integrieren, darunter die großartigen antiken Säulen im Hohen Chor (Foto links).

ℹ S. 54

Der Heilige Mauritius (um 1250)

Im Mittelpunkt des *Hohen Chores* steht der **Sarkophag Ottos des Großen**. Eine antike Platte aus Cippolino-Marmor bedeckt die schlichte Kalksteinkiste. Das lateinische Distichon lautet: „Tres luctus causae sunt hoc sub marmore clausae:/ Rex, decus ecclesiae, sumus honor patriae." (Drei Gründe der Trauer sind unter diesem Marmor eingeschlossen: Der König, der Stolz der Kirche, die höchste Ehre des Vaterlands.) Der aus einer antiken Säule geschaffene **Osterleuchter** stammt noch aus dem alten Dom. Die symbolreiche Sandsteinbasis wurde in neuerer Zeit hinzugefügt.

Um 1250 entstand die bemalte **Statue des Schutzheiligen Mauritius**, die ihn als Feldherrn zeigt. Magdeburg besitzt mit dieser Plastik die älteste Darstellung eines Schwarzafrikaners nördlich der Alpen. Während der heilige Mauritius von Anbeginn Patron von Kloster und Kirche war, trat die **heilige Katharina** erst mit dem Neubau in Erscheinung. In der Ikonographie wird sie mit Palmenzweig, Schwert und zerbrochenem Rad dargestellt. Ganz ohne diese Attribute steht sie, dem heiligen Mau-

Baubeschreibung. Die kreuzförmige dreischiffige Basilika besitzt einen polygonalen Hohen Chor, den ein zweigeschossiger Umgang mit Chorkapellen umschließt. Ein 1451 vollendeter Lettner übernimmt die Trennung zum Mittelschiff, denn der Chor war den Domherren vorbehalten. Das Gestühl stammt aus dem 14. Jahrhundert. Hervorragende Schnitzereien erzählen „oben" vom Leben Jesu, während es auf den Gesäßstützen unter den Klappsitzen fast satirisch zugeht. Da trägt auch schon mal ein Mönch ein lachendes Nönnlein huckepack und unter den Augen des Teufels ins Haus!

i S. 54

Katharina von Alexandria war, zum Ärger des römischen Kaisers, Christin geworden. Als sie mit fünfzig Weisen disputierte, verblüffte sie diese so sehr mit ihrem Wissen, dass jeder von ihnen den neuen Glauben annahm. Der Kaiser ließ alle hinrichten. Katharina wurde aufs Rad gebunden. Ein Blitz zerstörte das Foltergerät und sie wurde enthauptet.

ritius gegenüber, im Chor: weise, lächelnd und wunderschön.

Der *Hochaltar* existierte in seiner heutigen Form schon zur Domweihe. Seine Altarplatte ist aus böhmischen Marmor und wohl die größte Europas. Antike byzantinische Säulen aus dem ersten Dom, auf denen große Heiligenfiguren stehen, prägen das Bild des Chores.

Im *Chorumgang* ist der Übergang von der Romanik zur Gotik noch deutlich zu spüren. Die Kapitelle und Wände sind mit einer Vielzahl von Kleinplastiken und Verzierun-

Der Dom St. Mauritius und St. Katharina ist 120 Meter lang. Er hat eine Breite von 37 Metern und seine Pfeiler streben 32 Meter (!) empor. Damit gilt er als das zweitgrößte sakrale Bauwerk Deutschlands und rangiert gleich hinter dem Dom zu Köln.

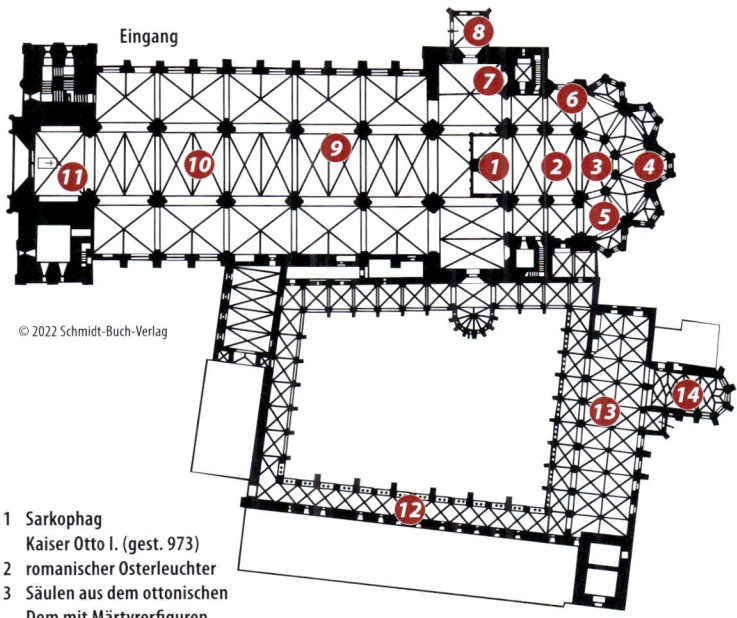

Eingang

© 2022 Schmidt-Buch-Verlag

1 Sarkophag
  Kaiser Otto I. (gest. 973)
2 romanischer Osterleuchter
3 Säulen aus dem ottonischen
  Dom mit Märtyrerfiguren
4 Sarkophag der Königin Editha
  (gest. 946), um 1510
5 Bronzegrabplatte des Erzbischofs
  Wichmann von Seeburg (gest. 1192)
6 Bronzegrabplatte des Erzbischofs
  Friedrich von Wettin (gest. 1152)
7 Ehrenmal von Ernst Barlach
8 Paradiesvorhalle mit Jungfrauenportal

9 Heilig-Grab-Kapelle und Herrscherpaar
10 Taufstein aus dem 2. Jahrhundert
11 Kapelle für den Erzbischof Ernst von Sachsen
12 romanisch erhaltener Südflügel des Kreuzganges
13 Remter (zweischiffiges Refektorium)
14 Marienkapelle (1449) mit romanischen
   Marmorbildplatten

gen geschmückt. Die Darstellungen von Menschen und Tieren, von Pflanzen und Fabelwesen widerspiegeln das hohe Niveau der Magdeburger Dombauhütte, aber auch das lustvolle Herangehen der Steinmetzen und Künstler.

Den Chorumgang säumen fünf Kapellen. Vor der Scheitelkapelle befindet sich das **Grabmal der Königin Editha**. Erzbischof Ernst von Sachsen hatte 1510 das Aufstellen des Sandsteinsarkophags veranlasst. Er ist mit Wappen und Bildszenen geschmückt, darunter das Reichs- und das englische Königswappen. Editha

erscheint als lebensgroße Liegefigur. Die Statuen stellen Heilige dar, unter ihnen auch Adelheid, die zweite Frau von Otto dem Großen.

Als man im November 2008 den tonnenschweren Deckel des Sarkophags anhob, wurde eine 77 Zentimeter lange, 17 Zentimeter hohe und 21 Zentimeter breite Bleikiste sichtbar, die Stoff- und 42 Knochenreste enthielt und deren lateinische Umschrift mit den Worten begann: „EDIT REGINE CINERES HIC SARCOPHAGVS HABET ...". Zu Deutsch und vollständig: „Die geborgenen Reste der Königin Edith sind in diesem

Am 22. Oktober 2010 fand im Dom die *Beisetzung der Königin Editha* statt. Unter der steinernen Platte liegt nun ein künstlerisch gestaltetes Titan-Särglein. Eine Inschrift erklärt: „Dieser Sarkophag enthält die sterblichen Überreste der Königin Editha, Gattin Ottos des Großen, erneut beigesetzt Anno Domini 1510, wiederentdeckt durch archäologische Ausgrabungen im Jahre 2008 und nun abermals bestattet im Jahre 2010."

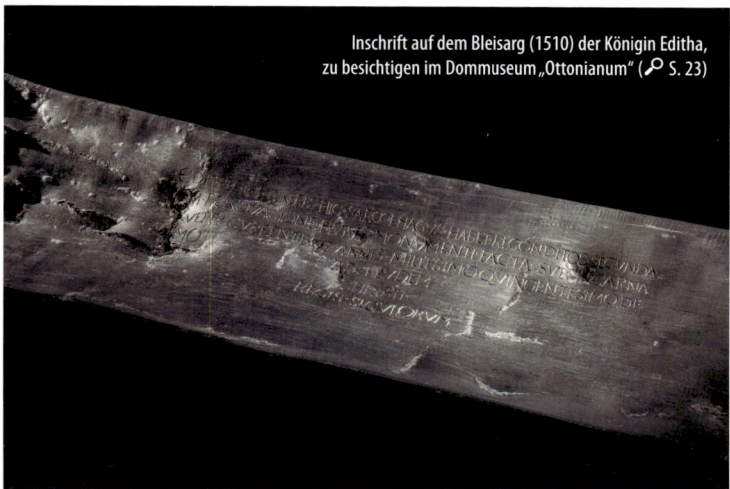

Inschrift auf dem Bleisarg (1510) der Königin Editha, zu besichtigen im Dommuseum „Ottonianum" (🔎 S. 23)

Sarkophag, nachdem 1510 schon die zweite Erneuerung dieses Monuments gemacht worden ist. Im Laufe der Jahre seit der Fleischwerdung des Wortes zum Ruhme Christi, des Königs aller Zeiten."

Der Sensationsfund wurde im Landesamt für Archäologie in Halle präsentiert, und die Frage, ob es sich hier tatsächlich um die Überreste der 946 verstorbenen Gemahlin von Otto I. handelt, trieb Experten wie Geschichtsfreunde gleichermaßen um. Dreißig Wissenschaftler aus Deutschland und Großbritannien untersuchten in aufwendigen Verfahren den Inhalt des Sarges. Am Ende stand fest: Die Person war weiblich, knapp 1,60 Meter groß und zwischen 30 und 40 Jahre alt. Sie hatte sich in ihrer Jugend vorzugsweise von Fisch ernährt und war im südlichen England aufgewachsen, was das im Zahnschmelz eingelagerte Strontium verriet. Dass es sich tatsächlich um die Gesuchte handelte, zweifelte danach niemand mehr an.

Nur wenige Schritte von dem Sarkophag entfernt befinden sich die **Grabplatten** für den rund zweihundert Jahre nach Editha verstorbenen **Erzbischof Friedrich von Wettin** (gest. 1152) und seinen Nachfolger **Wichmann von Seeburg** (gest. 1192), den Begründer des „Magdeburger Rechts" ($\wp$ S. 6). Diese Platten stammen noch aus dem ottonischen Dom. Auf dem Mantel des Wettiners ist der Vorgängerbau zu sehen. Mit der Spitze seines Bischofsstabes trifft der Erzbischof die Figur des antiken Dornausziehers, welche das überwundene Heidentum symbolisiert.

Grabplatte für Friedrich von Wettin

Die Magdeburger waren Meister des Bronzegusses. Der berühmte Wolfram im Erfurter Dom ist eine sehr frühe Magdeburger Arbeit. Auch die Tür an der Sophienkirche in Nowgorod stammt von hier.

Als Erzbischof Burchard III. 1314 mit den Magdeburgern in Streit lag, herrschte am Domplatz Sicherheitsstufe 1. Von seinem Palais führte eine Brücke in den oberen Chorumgang. So gelangte Burchard, unbehelligt von der aufgebrachten Menge, in den Dom. Die Brücke ist längst verschwunden, die Bezeichnung „Bischofsgang" für den oberen Chorumgang hält diese Begebenheit fest.

Eigens für die Seitennische des _Querschiffs_ schuf Ernst Barlach das

Die Klugen am Jungfrauenportal der Paradieshalle

„*Magdeburger Ehrenmal*". 1929 aufgestellt, wurde es – als „entartet" beurteilt – 1934 wieder entfernt. In den Fünfzigerjahren kehrte das Gefallenendenkmal unversehrt an seinen Platz zurück. Am Lichterkreuz des Barlach-Ehrenmals begannen 1983 die Magdeburger Friedensgebete. Die *Marienfigur* zur Rechten wurde aus einer antiken Marmorsäule für den Dom geschaffen. Auf der anderen Seite des Umgangs nimmt die gleiche Stelle eine hochgotische Sandstein-Maria ein, die als „Schwarze Madonna" verehrt wurde.

Unmittelbar neben Barlachs Ehrenmal befindet sich der Zugang zur *Vorhalle* mit dem *Jungfrauenportal*. Fünf Kluge und fünf Törichte schmücken den Eingang. Während sich die einen in Verzweiflung und Jammern ergehen, sind die anderen von hinreißendem Frohsinn, ver-

schmitzt, gescheit und sehr schön. Die meisterlich gearbeiteten Plastiken entstanden um 1250. Zwei andere Figuren stellen Synagoge und Ecclesia dar, eine als Verkörperung des alten Gottesvolkes, eine als Sinnbild der Christenheit.

Im 17. Jahrhundert erhielt der Vorbau für seine seitlichen Zugänge zwei bemalte Holztüren mit der Darstellung von Adam und Eva: Von der Erschaffung bis zum Apfelbiss und der Vertreibung aus dem Paradies. So kam die Vorhalle zu ihrem Zweitnamen. Will man die „Paradieshalle" wieder verlassen und öffnet von dieser Seite die Tür, dann hat man einen gestreckten, nackten Jüngling in der Hand. Der hält drei Mädchen den Goldenen Apfel entgegen. Eine antike Misswahl, wenn man so will, während die christliche in der Höhe längst entschieden ist.

Herrscherpaar in der Heilig-Grab-Kapelle

Die 16-eckige *Heilig-Grab-Kapelle* im *Mittelschiff* stand schon 1250 im Dom. Das Herrscherpaar wurde erst später hineingesetzt. An Deutungsversuchen, wer denn die beiden seien, fehlt es nicht. Die Tellerscheibe mit den 19 Kugeln scheint auf den göttlichen Weltherrscher zu verweisen (sieben Planeten, zwölf Tierkreiszeichen), und damit wären die beiden das „himmlische Brautpaar", das allerdings gewöhnlich ohne Schuhe geht.

Sympathischer ist da schon die Variante mit Editha und Otto, denn schließlich sind beide auch Stifter und in dieser Kirche auf mehrfache Weise präsent. 19 Jahre, so berichtet ein Chronist, hätten die zwei glücklich miteinander gelebt. Neunzehn Ochsenkarren, beladen mit Gold, habe aber auch Otto für den ersten Dom gespendet. Das Sitzbild-Paar

hat jedenfalls etwas Rührendes, und ein bisschen sehen die beiden aus, als amüsierten sie sich über den, der da gerade in ihre Rotunde blickt.

Das *Taufbecken* aus Rosenporphyr im westlichen Teil des Mittelschiffs war vermutlich Teil eines Brunnens in Ravenna. Otto der Große hatte das Gefäß über die Alpen und nach Magdeburg schaffen lassen. Davor stand es bereits im ägyptischen Assuan. In der Osternacht werden über diesem zweitausend Jahre alten Becken Jahr für Jahr Kinder und Erwachsene getauft.

Durch ein gut fünfhundert Jahre altes kunstvolles Gitter hindurch blickt man auf die *Bronzetumba des Erzbischofs Ernst von Sachsen*. An Selbstbewusstsein hatte es dem Geistlichen Herrn offensichtlich nicht gemangelt, als er Peter Vischer d. Ä. beauftragte, für die Vorhalle zwischen den Türmen der Westfassade ein an Größe und Prunk alles Vergleichbare übertreffendes Grabmal zu schaffen.

2008 wurde auf der Westempore wieder eine *Orgel* eingeweiht. Das 37 Tonnen schwere Instrument ist das größte in Sachsen-Anhalt, knapp fünfzehn Meter hoch und neun Meter tief, und besitzt 6 139 Pfeifen. Der Potsdamer Matthias Schuke baute eine sinfonische Orgel, die erstmals mitteldeutsche Traditionen im Orgelbau mit englischen und französischen verbindet.

Neben der Kapelle für den Erzbischof Ernst von Sachsen liegt der Eingang zum *Nordturm*. 427 Stufen steigt man von hier ins „höchste Magdeburger Mittelalter" hinauf! Ein steinernes Brustbild an der Südwand verweist auf den Domprediger Reinhard Bake, der durch seinen Mut und durch eine dem Feldherrn Til-

Im *Kreuzgang* fühlt man sich in eine Ruhe ausstrahlende, mittelalterliche Welt versetzt, in der Vögel zwitschern und alles zu jubilieren scheint. Man muss ihn viele Male auf und ab gehen und wird dabei immer wieder Neues entdecken, vielleicht auch den Text, den die Witwe M. „dem geliebtesten Ehe=Gatten" auf den Stein hat schreiben lassen.

ly schmeichelnde lateinische Rede 4 000 Magdeburgern, die am 10. Mai 1631 im Dom Zuflucht gesucht hatten, das Leben rettete.

Vom südlichen Querschiff betritt man den *Kreuzgang*. Der um 1170 erbaute Südflügel überstand Feuer und Abriss, der Ostflügel stammt hingegen aus dem 13. Jahrhundert. Im Remter, dem zweischiffigen Refektorium, haben die Fußkapitelle der Säulen eiserne „Schutzschuhe". Sie sind noch aus dem ersten Dom.

Ein Kleinod ist die nach 1350 errichtete *Marienkapelle*, die nach einem Brand 1449 erneuert wurde. Vom Kreuzgang führen dreizehn Stufen zur *Krypta* hinab. 1926 wurden hier die Mauerreste des ottonischen Domes ergraben.

Im Jahre 2008 fusionierten die Kirchenprovinz Sachsen und die Thüringer Landeskirche zur Evangelischen Kirche Mitteldeutschlands. Seither ist der Magdeburger Dom eine der beiden Hauptkirchen.

Marienkapelle

Dommuseum Ottonianum

Vis-à-vis der Westfassade des Domes rückt das Ottonianum drei große Themengruppen in den Blick: Otto der Große und seine Gemahlin Editha, das Erzbistum Magdeburg sowie die Ergebnisse aus einhundert Jahren archäologischer Arbeit im und rund um den Dom.

Gleich zu Beginn des Rundgangs macht eine vollständig geborgene Grabeinfassung (um 963) wahrhaft gewichtig auf sich aufmerksam. Aus Kalkstein gemauert bringt sie 3,5 Tonnen auf die Waage!

Zweifelsohne zu den Höhepunkten der modern gestalteten Ausstellung gehört der Bleisarg der Königin Editha, in den ihre Gebeine 1510 umgebettet wurden ($\mathcal{P}$ S. 18). Diesem entnahmen die Archäologen sechs verschiedene Arten von Textilien. Zu den kostbarsten zählen rote Seidenfragmente aus dem Mittelmeerraum, die hier im 10. Jahrhundert mit dem aufwendig aus den Larven der Kermes-Schildlaus gewonnenen Farbstoff behandelt wurden.

Eine Grabbeigabe aus dem 12. Jahrhundert sind die prunkvollen Pontifikalschuhe des Erzbischofs Wichmann von Seeburg ($\mathcal{P}$ S. 19). Südlich der ottonischen Domkrypta überdauerte in einer Schuttschicht das korinthische Kapitell aus Rom (ca. 200 n. Chr.) die Zeitläufte. Es wurde bei Grabungen 1929 gefunden.

Das im November 2018 eröffnete Museum im ehemaligen Reichsbankgebäude nutzt für die Exposition die alte Schalterhalle. Etwas verwirrend mag auf manchen Besucher wirken, dass die Ausstellungsarchitektur nicht parallel zu den Außenwänden des Bankgebäudes verläuft. Stattdessen nimmt sie exakt die Mittelachse des Doms auf.

Domplatz

Der Platz vor dem Dom ist weitläufig und wird an zwei Seiten von barocken Gebäuden begrenzt. Hier haben das Ministerium für Justiz und Verbraucherschutz sowie der Landtag von Sachsen-Anhalt ihren Sitz. Es dürfte wohl weltweit kein zweites Parlament geben, das seine Entscheidungen an einem so geschichtsträchtigen Ort zu treffen hat und wo die Justiz- und Verbraucherschutzministerin beim Verlassen ihres Hauses durch ein Sichtfenster im Boden in eine mittelalterliche Grabanlage blickt.

Seit nunmehr weit über 1200 Jahren ist der Domplatz so etwas wie ein geistig-kulturelles Zentrum und ein historischer Mittelpunkt. Hier fand man Siedlungsreste aus fränkischer Zeit, hier ließ Otto I. ein Kloster und eine Basilika errichten und hier stand eine der größten und prächtigsten Pfalzanlagen des Mittelalters, die dann vermutlich dem Stadtbrand von 1207 zum Opfer fiel und für den Baumeister des gotischen Domes der ideale „Steinbruch" war.

Nachdem man zwischen 1959 und 1968 im Auftrag der Akademie der Wissenschaften zu Berlin auf dem Domplatz umfangreiche *Grabungen* durchgeführt hatte, glaubte man auch, die Pfalz von Otto dem Großen gefunden zu haben. Eine Sandsteinadaption der unterirdischen Mauerreste bezeichnet seit 2001 die Fundstelle.

Spätere Grabungen führten dann zu überraschenden Ergebnissen. Dort, wo die Pfalz vermutet wurde, barg man mehrere repräsentative Gräber. So ist davon auszugehen, dass es auf dem Domplatz eine zweite, von ihren Ausmaßen her unge-

Landtagsgebäude am Domplatz

Erzbischöfliches Palais (Hofseite)

wöhnlich große frühe Kirchenanlage gegeben hat und man nun von Neuem nach dem Standort der Pfalz suchen kann.

Der Domplatz war seit dem Mittelalter der wichtigste Fernhandelsplatz der Elbestadt. Zur Oster-, vor allem aber zur Herbstmesse herrschte auf dem „Neuen Markt" am Dom ein geschäftiges Treiben. Die sogenannte „Herrenmesse", die mit den Feierlichkeiten zu Ehren des am 22. September 285 hingerichteten Mauritius verbunden wurde, ließ Kaufleute und Handwerker aus allen Richtungen der Windrose nach Magdeburg ziehen.

Von den erhalten gebliebenen historischen Gebäuden am Domplatz können nahezu alle auf eine interessante und lange Geschichte zurückblicken. Unmittelbar neben dem Domchor liegt die ehemalige *Neue Möllenvogtei* (Domplatz 1a) von 1744/45 (Detailplan Seite 58). Die zweigeschossige *Alte Möllenvogtei* schließt sich rückwärtig an

(Domplatz 1b). Das Untergeschoss entstand bereits vor 1600, und wer in das Tonnengewölbe des tiefsten Kellers musste, war Arrestant. In dem ehemaligen Amtshaus des (erzbischöflichen) Möllenvogtes (⌕ S. 57) ist heute das **Haus der Romanik** mit Info-Zentrum zur Straße der Romanik untergebracht.

Das *erzbischöfliche Palais* (Domplatz 2/3) verwaiste, als die Hausherren in die Moritzburg nach Halle umzogen. Der brandenburgische Kurfürst Friedrich III. sah das schön gelegene, jedoch marode Gebäude und ließ sich von seinem Hofstukkateur Giovanni Simonetti ein Stadtschloss entwerfen. Der Grundstein wurde am 22. März 1700 gelegt. In das Palais zog später der Oberpräsident der Provinz Sachsen ein. Bis in die Gegenwart hinein blieb es ein Ort, von dem aus regiert und verwaltet wurde (heute Justizministerium). Die St.-Gangolf-Kapelle im Hof diente den Erzbischöfen ursprünglich als Hauskapelle. Simo-

S. 54

S. 78

In Deutschlands ältester gotischer Kathedrale erfreuen alljährlich hochkarätige Künstler während der *Domfestspiele* das Publikum mit Instrumental- und Chormusik sowie mit Jazz Theater und Ballett.

Im Sommer begeistert das Theater Magdeburg die Besucher vor dem Dom einige Wochen lang beim *Domplatz Open Air* mit Musicals wie Les Miserables (2013), Hair (2016) und Rebecca (2022).

netti bezog sie mit in den Neubau ein. Im Volk wurde aber, wenn von St. Gangolf die Rede war, nur von der „Kaldaunenkapelle" gesprochen, weil nach gängigem Brauch die verstorbenen hohen Geistlichen darin ihr Herz beisetzen ließen, die Innereien wohl gleich mit.

Das Gebäude *Domplatz 4* errichtete Christian Kolbe 1731 für den Geheimen Rat Knaut. Es wird vor allem seiner reizvollen Portalarchitektur wegen bewundert. Im Vorgängerbau waren Wirtschaftsräume des Erzbischofs untergebracht.

Vor einem dreigeschossigen Renaissancegebäude entstand die *ehemalige Domdechanai* (Domplatz 5) 1728/29 im Stil eines römischen Palastes. Nach dem Abzug der Franzosen residierten hier die kommandierenden Generäle des IV. preußischen Armeekorps. 1893 richtete die Stadt in dem Gebäude ihr erstes Museum ein. Von dem „Palazzo" blieben 1945 nur noch die Umfassungsmauern übrig. Der Aufbau begann 1985.

Das *Landtagsgebäude* – als solches erst seit den 1990er Jahren genutzt – vereint unter seinem

Mansardendach vier authentisch restaurierte Gebäude. Haus Nummer 7 hatte Gerhard Cornelius von Walrave 1724/25 für den Weinhändler Winneberg gebaut. Walrave war Festungsbauingenieur in preußischen Diensten und wirkte am Festungswerk Magdeburg entscheidend mit. Er schuf auch das Nachbarhaus sowie das Haus Nummer 9. Letzteres für sich, und wahrscheinlich auch deshalb mit einem so auffallend schönen Balkon und Portal.

Walrave, der 1724 geadelt worden war, lebte auf ziemlich großem Fuße und hatte sich wohl ein wenig übernommen. Um seiner Schulden Herr zu werden, verkaufte er Festungspläne an die Österreicher. Er wurde überführt und bekam lebenslänglich. Nach fünfundzwanzig Kerkerjahren starb er. Dass er seine Strafe in der von ihm entworfenen „Sternschanze" absitzen durfte, war in all den Jahren für ihn vermutlich kein rechter Trost. Und jeden Tag müssen die Abgeordneten an der Tafel für Walrave vorbei ...

Zwei lebensgroße Vierspänner als Lichterglanz-Installation ziehen im Dezember und Januar nicht nur – getreu nach Otto von Guericke – eine Kugel in zwei Hälften, sondern Menschen aus nah und fern hin zum Domplatz. Die sonst den Platz gestaltenden Wasserstrahlelemente versprühen dann *weihnachtlichen Glanz*, umgeben von überdimensionierten Christbaumkugeln. Traumhaft schön! Knapp 60 weitere Leucht-Skulpturen gestalten die Innenstadt.

★ Tipp

Sechsundsechzig farblich angestrahlte Fontänen erinnern auf dem Domplatz an die hier nachgewiesenen spitzbogigen Wehrgräben aus karolingischer Zeit. Den schönsten Eindruck hat man nach Einbruch der Dämmerung und bis um 22 Uhr.

Kloster Unser Lieben Frauen

Im Zentrum der Stadt und am Hochufer der Elbe gelegen, beeindruckt das fast 1000 Jahre alte Bauwerk an der „Straße der Romanik" zunächst durch seine architektonische Schönheit. Durch das Portal betritt man das Kunstmuseum Kloster Unser Lieben Frauen. Seine besondere Atmosphäre nimmt jeden gefangen, der die Schwelle überschreitet. Das mittelalterliche Baudenkmal ist einerseits das älteste erhaltene Gebäude der Stadt und spiegelt deren Geschichte in vielfältiger Weise wider. Andererseits ist es mit seinen Ausstellungen zeitgenössischer Kunst auch der „jüngste" Ort Magdeburgs. Vergangenheit und Gegenwart verbinden sich hier immer wieder neu.

Baugeschichte. Die Klostergründung um 1017 geht auf *Erzbischof Gero* zurück. Als dieser ohne Blessuren aus einem verlorenen Feldzug gegen die Slawen heimgekehrt war, wollte er sich dankbar zeigen und stiftete ein der Jungfrau Maria geweihtes Kloster. Den ursprünglichen Bau ließ *Erzbischof Werner* ab 1063/64 durch die noch heute erhaltene dreischiffige Basilika ersetzen. Sie wurde in der ersten Hälfte des 13. Jahrhunderts gotisch gewölbt.

Durch den Orden der Prämonstratenser, dessen Gründer *Norbert von Xanten* von 1126 bis 1134 Magdeburger Erzbischof war, erfolgte ab 1129 die Vollendung der Klosteranlage. Töchterklöster entstanden, und in den folgenden Jahrhunderten lag hier das Zentrum der sächsischen Provinz der Prämonstratenser, zu der die Domkapitel von Brandenburg, Havelberg und Ratzeburg gehörten, ebenso das Kloster Jerichow. Damit war das Magdeburger Marienkloster während des Mittelalters eine der einflussreichsten klerikalen Institutionen im Gebiet zwischen Elbe und Oder.

Während der *Reformationszeit* blieb das Kloster katholisch. Seine Immunität wurde im Augsburger Religionsfrieden anerkannt. 1582 sprach Papst Gregor XIII. Norbert von Xanten heilig. Das führte dazu, dass

Wer das Kunstmuseum betritt, muss lachen: Man drückt einem Mann den Hut auf den Kopf und findet Einlass. Der Hut und der Kopf bestehen aus Bronze und gehören zu einer von Heinrich Apel geschaffenen Tür. Ein Frauenkopf tritt aus dem anderen Flügel heraus und der, das spürt man sofort, wäre auch gern einmal gedrückt.

S. 54

Klosterkirche

im Jahre 1628, mitten im 30-jährigen Krieg, der Abt des Prager Strahov-Klosters in Magdeburg erschien und die Herausgabe der Gebeine des Heiligen forderte. Seither ruht der Ordensgründer nicht mehr in der Krypta an der Elbe, sondern in einem der schönsten Klöster zu Prag.

Nach dem endgültigen Auszug der Prämonstratenser im Jahre 1632 brachte das Domkapitel *ab 1638 protestantische Geistliche* im Kloster unter, die sich durch theologische Studien auf ihren Dienst als Pfarrer oder Prediger vorbereiten sollten. In diese Zeit fällt auch die Wiedererstehung der im Dreißigjährigen Krieg komplett verloren gegangenen *Bibliothek*. Der Altbestand umfasst heute rund 23 000 Bände aus vielen Wissensgebieten und kann besichtigt werden. Die Bibliothek ist aber auch mit dem zweiten bedeutenden Abschnitt der Geschichte des Marienklosters verbunden, mit der *Entwicklung zum Pädagogium*. An die Existenz dieser Schule (1698-1928) erinnern neben der Bibliothek insbesondere die um 1850 im neoromanischen Stil errichteten ehemaligen Internate am Ostflügel. Überregionale Bedeutung erlangte

ℹ S. 54

Südöstliche Ansicht des Klosters

© 2022 Schmidt-Buch-Verlag

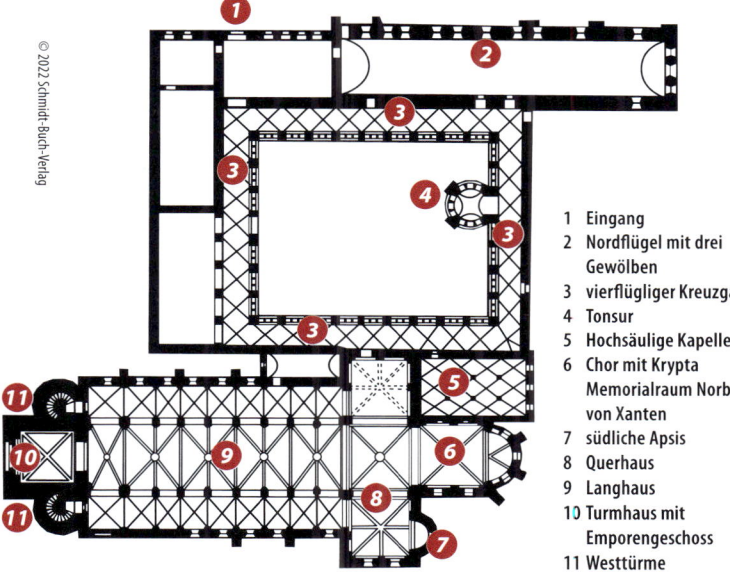

1 Eingang
2 Nordflügel mit drei
   Gewölben
3 vierflügliger Kreuzgang
4 Tonsur
5 Hochsäulige Kapelle
6 Chor mit Krypta
   Memorialraum Norbert
   von Xanten
7 südliche Apsis
8 Querhaus
9 Langhaus
10 Turmhaus mit
   Emporengeschoss
11 Westtürme

die Schule zwischen 1780 und 1831 unter der Leitung von Gotthilf Sebastian Rötger. Zu dieser Zeit besuchte auch der 1796 in Magdeburg geborene Carl Leberecht Immermann, Verfasser zeitkritischer Romane und Theaterstücke, die Bildungsstätte.

1834 wurde das Kloster säkularisiert, behielt jedoch gewisse Besonderheiten bei, etwa den Titel Propst für den Direktor. Ein Jahrhundert nach Immermann besuchte der ebenfalls in Magdeburg geborene Dramatiker Georg Kaiser die Schule. Der renitente Knabe tat dies mit wenig Freude und nahm in seinen ersten Stücken diese Einrichtung tüchtig aufs Korn. 1928 wurden Pädagogium und Domgymnasium zusammengelegt.

Baubeschreibung. Bombentreffer führten 1944 und 1945 zur Zerstörung des westlichen Kreuzgangs und umliegender Gebäude. In den 1960er Jahren entstand der *Westflügel* neu, während die verbliebenen Häuser im Umfeld beseitigt wurden.

Im *Nordflügel* befindet sich das ehemalige Winterrefektorium. Hier sind ständig Werke aus der Sammlung des Kunstmuseums sowie Sonderausstellungen zu sehen. Mit der jüngsten Sanierung 2020/21 vergrößerte sich auch die Ausstellungsfläche deutlich. Verstellbare Spiegelpaneele an der Fassade beziehen die Umgebung ein. Auch das ist Kunst.

Den nachhaltigsten Eindruck dürfte jedoch der *Kreuzgang* hinterlassen. Kenner halten ihn für einen

i S. 54

Kreuzgang mit romanischer Tonsur

der schönsten überhaupt im deutschen Raum und das in romanischer Zeit entstandene Kloster – trotz der Kriegseinwirkung und ungeachtet einiger baulicher Veränderungen – für eine der gelungensten Anlagen.

Im Innenbereich zieht die _Tonsur_ mit ihrem steinernen Kegeldach die Blicke der Besucher auf sich. Sie wurde nach dem Vorbild französischer Brunnenhäuser errichtet und gilt als „Juwel der romanischen Stilepoche" (Hans-Joachim Krenzke). Hier wurden kultische Handlungen wie das Haarschneiden vorgenommen, und selbst am Nachmittag und bei sinkender Sonne mangelte es in diesem Häuschen nicht an Licht.

Eindrucksvoll prägen die prachtvollen Arkadenbögen des Langhauses das Erscheinungsbild der romanischen _Pfeilerbasilika_, die seit 1977 als _Konzerthalle „Georg Philipp Telemann"_ genutzt wird. Das sechsteilige frühgotische Rippengewölbe im Mittelschiff hat Seltenheitswert.

Jahrzehntelang besaß der Chor allerdings eine Holzdecke. Sein durch einen Bombentreffer 1945 zerstörtes Gewölbe wurde bis 2021 rekonstruiert. Ein paar Stufen führen zur dreischiffigen _Krypta_ aus der Zeit des Erzbischofs Werner ($\wp$ S. 28) hinab. Die Säulen sind mit Würfelkapitellen geschmückt und stehen auf attischen Basen. Als Material kamen Vorharzer Sandstein, Rübeländer Marmor und Granit zum Einsatz.

Von einer im 18. Jahrhundert beseitigten Erweiterung der Krypta bis in die Vierung hinein konnten Teile freigelegt und rekonstruiert werden. Hier hatten Prämonstratenser-Mönche die Grabstätte für den **heiligen Norbert von Xanten** (1080/85-1134) angelegt. Erhalten sind der Altar und der Sarg, in dem der in Magdeburg verstorbene Ordensgründer vor der Überführung in das Kloster Strahov gelegen hatte ($\wp$ S. 28). Zeitgleich mit der jüngsten Sanierung der Krypta bis Oktober 2018 wurde der Me-

ℹ S. 78

morialraum mit der Begräbnisstelle des Heiligen hergerichtet. Über dessen Leben berichtet eine Medienkunstinstallation.

Vom Kreuzgang her, nur wenige Schritte entfernt vom seitlichen Eingang zur Kirche, gelangt man zur sogenannten *„Hochsäuligen Kapelle"*. Die Bronzetür von Wieland Förster trägt den Titel „Freuden und Leiden". Den Eintretenden nimmt die nach 1188 errichtete dreischiffige Kapelle sofort gefangen. Ihr Kreuzgratgewölbe wird von sechs Stützen getragen. Davon sind zwei rund, zwei acht- und der Rest viereckig; die quadratischen hat der mittelalterliche Steinmetz noch zusätzlich mit vier Ecksäulchen geschmückt.

Die nur knapp vierzehn Meter lange und sieben Meter breite Kapelle liegt zwischen Chor und Kreuzgang und schließt sich unmittelbar an das nördliche Querschiff der Kirche an. Ihre ursprüngliche Bedeutung ist unbekannt. Zuletzt diente sie den Geistlichen wohl als Sakristei. Heute sind in ihr vor allem mittelalterliche Skulpturen ausgestellt. Diese stammen zumeist aus Magdeburgs verschwundenen Kirchen.

Hochsäulige Kapelle

Memorialraum mit der Begräbnisstelle des Heiligen Norbert von Xanten

Das Kunstmuseum. Wie die Silhouette des Doms, so ist auch das Kloster Unser Lieben Frauen ein Wahrzeichen der Stadt. Einmal gesehen, behält man den Anblick der Westfassade mit ihren den Mittelturm flankierenden romanischen Spitztürmen auf ewig im Kopf. Ein imposanter Skulpturenpark aus über vierzig zeitgenössischen Arbeiten umgibt den Gebäudekomplex.

1976 entstand an diesem Ort die „Nationale Sammlung Kleinplastik der DDR". Inzwischen blickt das Kunstmuseum auf eine bald fünf-zigjährige Sammlungsgeschichte zurück, in der das Zusammentragen vor allem von Bildhauerkunst im Mittelpunkt stand. So besitzt das Museum umfangreiche Bestände deutscher Bildhauerei des 20. Jahrhunderts, aber auch Werke aus Antike, Mittelalter und Gegenwart. Nach 1989 kamen Arbeiten der ausländischen Avantgarde hinzu.

Sonderausstellungen geben Einblick in die Werke zeitgenössischer Künstler oder widmen sich einem bestimmten Thema der internationalen Gegenwartskunst.

Kein anderer Künstler hat so viele deutlich sichtbare Spuren in Magdeburg hinterlassen wie *Heinrich Apel* (1935-2020). Überall trifft man auf Arbeiten des in der Börde geborenen Bildhauers, der an der Kunsthochschule Burg Giebichenstein in Halle studierte, anschließend als Restaurator am Dom in Halberstadt und der Stiftskirche Quedlinburg arbeitete und seit Beginn der 1960er Jahre freischaffend seine vielfältigen künstlerischen Ideen umsetzte. Den eigenen unverkennbaren Stil – zeitlos modern, teils schelmisch, ja oft sogar frivol – entwickelte er bereits sehr früh. Ein Heinrich Apel gewidmeter *Kunstpfad* (*www.wandern-magdeburg.de*) geleitet zu 30 seiner Werke in Magdeburgs Innenstadt.

Am Kloster Unser Lieben Frauen: Skulpturengruppe (Detail) „Raum.Zeit.Materie" Heinrich Apel, 1988

Alter Markt

Magdeburgs Alter Markt wirkt wie ein Magnet auf Einheimische und Fremde. Das hat natürlich zuallererst mit diesem stolzen Reiter zu tun! Unter ihm verabredet und küsst man sich, und wer das erste Mal in die Elbestadt kommt, der nennt für seine Reise oft nur einen einzigen Grund: Er will IHN sehen, den, von dem er schon in seiner Schulzeit gehört hat und der seit dem frühen Mittelalter auf steinerner Säule vor dem Rathaus steht.

◇◇◇◇◇

Magdeburger Reiter

Mit diesem um 1240 geschaffenen Denkmal kann Magdeburg für sich den Ruhm in Anspruch nehmen, das älteste frei stehende und voll plastische Reiterstandbild nördlich der Alpen zu besitzen. Es handelt sich dabei um ein Rechts- und Hoheitssymbol: Der Kaiser, flankiert von zwei langzöpfigen Schönheiten, die das Wappenschild und die Lanzenfahne des heiligen Mauritius tragen, reitet heran, um der Stadt den begehrten Königsbann zu verleihen.

Die Figurengruppe besaß im Mittelalter ein schützendes „Häuschen" mit frühgotischem Spitzhelm. Den löste im Jahre 1651, dem Geschmack der Zeit entsprechend, ein „Tempietto", ein Tempelchen, mit barockem Baldachin ab. 1966 – mehr als sieben Jahrhunderte nach der Aufstellung – holte man den Sandstein-Otto und

seine beiden Begleiterinnen vom Sockel und ersetzte sie durch eine Bronzekopie, die zur Jahrtausendwende auch noch vergoldet wurde (Foto S. 11). Das eindrucksvolle *Original* aber kann man bei jeder Witterung im Kulturhistorischen Museum (🔎 S. 47) betrachten. Und dort ist man dem Reiter und den reizvollen Jungfrauen (Foto S. 49) noch näher als auf dem Markt.

ℹ S. 54

◇◇◇◇◇

Altes Rathaus

Magdeburgs Oberbürgermeisterin ist ein Glückspilz! Sie sitzt in einem der schönsten mitteldeutschen Rathäuser, hat ein Glockenspiel im Turm, einen riesigen Roland vor dem Haus und Till Eulenspiegel, der turnte hier auch schon einmal übers Dach.

Das Alte Rathaus, so benannt nachdem zu Beginn des vorigen Jahrhunderts wenige Meter nördlich von ihm ein größerer Neubau eingeweiht worden war, befindet sich an jenem Platz, an dem im frühen Mittelalter das Versammlungshaus der Kürschnerinnung stand. In dessen Räumen kam ab 1238 der neu gegründete Rat zu seinen Sitzungen zusammen. Ein Brand zerstörte 1293 das Gebäude. Auf seinen Fundamenten errichtete man den

---

💡 Dass es sich bei dem *Reiter* nur „vermutlich" um Otto I. handeln soll, lässt ein echter Magdeburger nicht gelten. An der Elbe weiß man es besser: Der Mann im Sattel kann nur Otto der Große sein! Er hat Magdeburg schließlich zur Mitte Europas gemacht und ihm allein gebührt eine solche Ehre.

Das Alte Rathaus mit dem Magdeburger Reiter

ersten Rathausneubau der Stadt. Als die Truppen Tillys am 10. Mai 1631 Magdeburg eroberten, wurde auch das Rathaus zerstört.

Sechzig Jahre später hatte man das Geld für einen neuen Bau zusammen. 1691 machte sich Ingenieur-Hauptmann Heinrich Schmutze ans Werk, und noch bevor das für Magdeburg so tragisch verlaufene Jahrhundert zu Ende ging, wurde der Richtkranz aufgezogen. Von da an dominierte das im Stile der niederländischen und italienischen Renaissance errichtete Palais den zentralen Platz.

Im Zweiten Weltkrieg wurde das Alte Rathaus abermals zerstört. Erst in den Sechzigerjahren erfolgte der Wiederaufbau. Aus dieser Zeit stammt auch die *von Heinrich Apel geschaffene Bronzetür* des Haupt-

portals. Der 2020 verstorbene Künstler, dessen Werke aus dem Stadtbild nicht wegzudenken sind (🔍 S. 34), schuf vierzehn Szenen, die Magdeburger Ereignisse und Magdeburger Geschichte illustrieren.

Den Reigen führen selbstredend Kaiser Otto I. und seine beiden Frauen an, gefolgt von dem „Sachsenspiegel"-Autor Eike von Repgow, von Till Eulenspiegel, vom Wunderdoktor Eisenbarth, von Otto von Guericke und Georg Philipp Telemann. Da fehlen weder Trümmerfrauen noch Stadtansichten, weder die innerbetriebliche „Zeitungsschau" noch der Motorflieger Hans Grade, und auch Wilhelm Weidling, der Magdeburger Schneidergeselle und marxistische Utopist, ist dabei. Einzigartig für eine Rathaustür dürfte auch die Klinke sein: Sie besteht aus einer Maurerkelle mit glänzendem Griff. Die Jahreszahlen über dem Rathausportal verweisen auf den Neubau von 1691 im Stil der italienisch-niederländischen Renaissance und an die erneute Schlüsselübergabe 1969.

⬦⬦⬦⬦⬦

Der Roland

Im Hinblick auf das 1200-jährige Stadtjubiläum 2005 erfuhr das Alte Rathaus eine grundlegende Sanierung. Und jetzt meldeten sich auch Stimmen zu Wort, die nach einem neuen Roland verlangten.

Die mittelalterliche, bemalte Steinfigur, die den hölzernen Vorgänger von 1381 ersetzt hatte, war 1631 beim Angriff auf die Stadt vernichtet worden. Wie dieser steinerne Roland aussah, hatte Johannes Pomarius in seiner 1588 erschienenen „Chronik der Sachsen und Niedersachsen" festgehalten.

Den Sockel entfernte man 1727, woran noch eine Jahreszahl im Pflaster erinnert. Ein 1915 geschaffener Holz-Roland mit brusthohem Schwert wurde 1933 vor das Rathaus gestellt und vermutlich im ersten Nachkriegswinter samt Schwert verheizt.

Das Ringen um einen Jubiläumsroland nahm viel Zeit in Anspruch. Modern wollten ihn

die einen haben, historisch die anderen. Manch einem hätte eine Erinnerungsplatte aus Stahl genügt. Zuletzt einigte man sich, den Holzschnitt von Pomarius als Vorlage zu nehmen. Darauf war der Hüter städtischer Freiheiten kraushaarig und barhäuptig zu sehen, natürlich mit dem erhobenen Schwert in der Rechten, mit Kniehose und Harnisch vor der Brust.

Diese Figur hatte die Bildhauerin Martina Seffers vor Augen, als sie ihren „Collossus Magdeburgensis" schuf. Der Sandstein für den vier Meter hohen Roland stammt aus den Cottaer Brüchen bei Pirna. Seinen Platz hat er neben dem Eingang zum Ratskeller bekommen.

⬦⬦⬦⬦⬦

Ratskeller

Der älteste Teil des Rathauses ist der gastronomisch genutzte „Ratskeller". Er stammt aus der Zeit, als hier die Kürschner ihr Zunfthaus hatten. Der Keller hatte den Brand von 1293 unbeschadet überstanden und kam auch aus dem 30-jährigen Krieg heil heraus, während darüber alles in Flammen aufging und zusammenstürzte. Nicht anders verhielt es sich im Zweiten Weltkrieg. Die Bomben zerstörten wohl das Rathaus, dem tiefer liegen-

Sobald man um die Roland-Figur herumgeht, entdeckt man auf der Rückseite noch einen weiteren Bekannten: Till Eulenspiegel. Auch der gehört nach Magdeburg.

★ Tipp

den Keller konnten sie aber nichts anhaben.

In das geschichtsträchtige, einundvierzig Meter lange und von zahlreichen Säulen gestützte Gewölbe muss man hinabgestiegen sein! Vielleicht steht gerade die Tür zum sogenannten Bischofszimmer offen. In dem erschlugen die Magdeburger anno 1325 den Erzbischof Burchard III., weil der immer neue Abgaben von der Bevölkerung forderte, auf seinen Rechten beharrte und sich kein bisschen einsichtig zeigte. Die Leiche verscharrten sie in diesem Keller, zogen wohl auch den Schlüssel ab und gingen einfach nach Hause. Das kam dem Papst zu Ohren. Der Kirchenbann wurde über Magdeburg verhängt, und es bedurfte großer, auch finanzieller Anstrengungen seitens der Stadt, den Heiligen Vater in Rom wieder gnädig zu stimmen.

◇◇◇◇◇

Magdeburger Carillon
Eine Attraktion auf diesem Marktplatz ist das Glockenspiel im Rathausturm. Zu Beginn der 1970er Jahre hatte man den damaligen Oberbürgermeister Herzig zu einem Städtetag nach Belgien reisen lassen. Das Carillon am Rathaus von Brügge soll ihn derart begeistert haben, dass er nach seiner Rückkehr etwas Ähnliches auch in Magdeburg zu installieren gedachte.

Peter und Margarethe Schilling aus Apolda, in deren traditionsreicher Gießerei die 47 Glocken dann auch gegossen wurden, fertigten die Entwürfe an; Heinrich Apel kümmerte sich um die Inschriften und den übrigen Glockenschmuck. Die schwerste Glocke bekam eine Widmung zum 25. Jahrestag der DDR. Andere erinnern an Magdeburger Persönlichkeiten, an Zerstörung und Aufbau, eine ist mit Bilderrätseln geschmückt. Ein Herz und ein „-ig" verweisen auf den Oberbürgermeister und Initiator des Glockenspiels. Am 28. September 1974 wurde es eingeweiht. Die kleinste Glocke wiegt zehn Kilogramm und ist siebzehn Zentimeter hoch; die größte (Durchmesser 1,15 Meter, Ton f') bringt knapp zwanzig Zentner auf die Waage.

◇◇◇◇◇

Eulenspiegelbrunnen
Von der anderen Seite des Marktplatzes beobachtet ein gewitzter Schalk das tägliche Treiben. Der Brunnen und die auf einer Säule hockende Figur aus Muschelkalk sind ebenfalls ein Werk des Bildhauers Heinrich Apel. Der Witzbold mit dem Spiegel ist Till Eulenspiegel, der, so lehrt uns das „Volksbuch", die Einwohner von Magdeburg einmal mit der Ankündigung, er wolle wie ein Vogel vom Balkon des Rathauses herab-

Stündlich von 10 bis 18 Uhr ertönt das automatische *Glockenspiel*. Ist man aber am ersten Mittwoch eines Sommermonats in Magdeburg, dann sollte man seinen Rundgang so lenken, dass man in der sechsten Abendstunde vor dem Alten Rathaus steht. Dann steigt nämlich ein Glockenspieler höchstpersönlich in den Turm, um die Menge unter sich mit seinem Spiel zu erfreuen.

fliegen, auf den Markt gelockt hatte. Die Magdeburger kamen zuhauf, um Zeuge dieses Spektakels und natürlich des erwarteten Absturzes zu sein. Doch der böse Bube machte sich nur über sie lustig, weil sie in ihrer Einfalt einen solchen Unsinn für bare Münze gehalten hatten. Die Gesichter der Bloßgestellten an der Säule erinnern daran.

⬦⬦⬦⬦⬦

Sinniges in Stein

Für Wasserspiele und Kunstwerke im öffentlichen Raum haben die Magdeburger etwas übrig. Das merkt man sofort. Hinter dem Alten Rathaus befinden sich gleich drei Wasserbecken. Dort ragt auch eine Stele auf, die am Ende in einen Phallus übergeht. Oder ist's ein Blütenstempel? Wie auch immer – fünf wohlgeratene Magdeburger Mädchen gruppieren sich darum. Die eine liest, die andere riecht, die nächsten schmecken, hören und fühlen. Heinrich Apel hat mit dieser Arbeit die fünf Sinne dargestellt.

⬦⬦⬦⬦⬦

Magdeburger Hirsch

Reiter, Roland und Hirsch! Seit 2012 ist das historische Dreigestirn auf dem Alten Markt wieder komplett! Nur das Reiterstandbild hatte die

Wirren der Zeit überstanden. Den bronzenen Hirsch schuf, wie auch den neuen Roland vorm Rathaus, die Künstlerin Martina Seffers. Der Hirsch symbolisiert das Paradies und die Suche nach Gott. Eine Hirschsäule stand schon im Jahre 1503 an diesem Platz.

Breiter Weg

Wie alle großen Städte, so besaß natürlich auch Magdeburg seine Prachtstraße. Die verlief in Nord-Süd-Richtung und parallel zur Elbe. Sie war
identisch mit der frühmittelalterlichen Heer- und Handelsstraße und die
Magdeburger nannten sie nicht Straße, Boulevard oder Allee, es blieb für
sie ihr „Breiter Weg".

Der Breite Weg ist heute 2 050 Meter lang und erstreckt sich vom Has-
selbach- bis zum Universitätsplatz.
Dabei wird er von der Ernst-Reuter-
Allee gekreuzt. Der Abschnitt von
der Reuter-Allee bis zum ehemaligen
Krökentor in der einen und bis zur
Danzstraße in der anderen Richtung
war von ungewöhnlich schönen Ba-
rockbauten geprägt, die 1945 dem
Bombardement zum Opfer fielen.
Der südliche Bereich zeichnete sich
vor allem durch attraktive mehrge-

2016 errichtetes Katharinenportal
und Kirchenmodell am „Katharinenturm"

schossige Wohn- und Geschäftshäu-
ser aus, die in der zweiten Hälfte des
19. Jahrhunderts im Gründerzeitstil
errichtet worden waren.

Der Breite Weg wurde als schöns-
te Barockstraße Deutschlands gepriesen. Wer nach Magdeburg kam,
der wollte sie sehen und erleben,
denn auf dem Breiten Weg und um
ihn herum war stets etwas los. Hier
gab es das Erdmanndorffsche Theater, wo der Kapellmeister Richard
Wagner Minna Planer ver- und seine erste Oper („Das Liebesverbot")
uraufführte. Hier befand sich das
Altstädtische Gymnasium und stieg
der 22-jährige Wilhelm Raabe in den
Buchhandel ein ...

Das änderte sich schlagartig, als
bei dem Angriff am 16. Januar 1945
die Altstadt in Schutt und Asche ver-
sank. Lediglich zwei (!) zum Sprengel
der St. Ulrichskirche gehörende Ba-
rockhäuser (Nr. 178 und 179) hatten
das Inferno überstanden. Sie waren
um 1730 erbaut worden und mit 6,50
Metern besonders schmal.

Der zum Universitätsplatz hin gelegene nördliche Abschnitt wurde
in den 1960er Jahren teilweise mit
achtgeschossigen Wohnhäusern
neu bebaut. Die Katharinenkirche,
deren Doppeltürme man ursprünglich in die Planung mit einbeziehen

wollte, wurde gesprengt. Ein Bronzemodell und das wiederaufgebaute Eingangsportal erinnern am einstigen Standort an das 1230 errichtete Gotteshaus. Der Platz wurde mit dem ehemaligen Haus des Lehrers überbaut, das nach Umbau und Sanierung den Namen „Katharinenturm" trägt. Ein „architektonischer Ruck" ging nach der politischen Wende durch den Breiten Weg. Das ehemalige Kaufhaus (Nr. 109) wurde völlig umgebaut, und heraus kam eine beneidenswert großzügig angelegte Stadtbibliothek mit dem Konservatorium „Georg Philipp Telemann" als Nachbarn im Neubau.

Im südlichen Bereich der Straße wuchsen Bankgebäude empor. Dazwischen steht, weithin sichtbar, das 2003 bis 2005 erbaute *Hundertwasserhaus*. Vis-à-vis wurde 2007 nach zweijährigem Umbau das Justizzentrum (Breiter Weg 203-206) eingeweiht. Der moderne Verwaltungssitz nutzt das 1895 bis 1899 errichtete und noch heute respekteinflößende Gebäude der *ehemaligen Magdeburger Hauptpost*. Die Reichspostdirektion entschied sich seinerzeit für eine Fassade im spätgotischen, niederländischen Stil. Damit der Repräsentationsbau überhaupt an jener Prachtstraße entstehen konnte, mussten einige Bauten erworben und abgerissen werden, darunter die deutsch-reformierte St.-Pauli-Kirche und das Rochsche Haus von 1595. Letzteres galt als eines der schönsten mittelalterlichen Renaissancehäuser. Der neue Bauherr bekam kalte Füße und fügte, um die Gemüter zu beruhigen, eine Kopie von Giebel und Erker in die Fassade ein.

Das 1895 bis 1899 errichtete Postgebäude beherbergt heute das Justizzentrum

Am Justizzentrum erinnert eine Tafel an *Friedrich Wilhelm von Steuben*. Der militärische Berater George Washingtons wurde 1730 in Magdeburg geboren und in der St.-Pauli-Kirche getauft. Seine Befehle bestätigte er mit „O.K." (all correct), weil in seinem Wörterbuch „oll korrect" geschrieben stand. Das Denkmal in der Magdeburger *Hegelstraße* (🔎 S. 60) ist ein Nachguss des Originals im Lafayettepark am Weißen Haus.

Rechter Hand vom Justizzentrum zweigt die nur Fußgängern vorbehaltene *Leiterstraße* ab. Das Portal mit den beiden Hermen an der Ecke stammt aus den Trümmern des barocken „Schlosscafés" (Breiter Weg 30). Vom alten Charme der Leiterstraße ist nach den Zerstörungen des Krieges nichts mehr zu spüren. Neuere Bauten prägen das Bild. In früherer Zeit verlief hier die Grenze zwischen der Alten Stadt Magdeburg und der Stiftsfreiheit. Den Brunnen schuf Heinrich Apel im Jahre 1986. Der Bronzekessel hat einen Durchmesser von 3,20 Metern, ist 1,90 Meter tief und 7,20 Tonnen schwer.

Apel-Brunnen in der Leiterstraße: 22 Figuren verströmen Sinnesfreuden

Vor dem Stadtbrand von 1207 begann der Breite Weg am Sudenburger Tor und endete am Ratswaageplatz. Einige Zeit später kam man von dort schon bis zum Krökentor. Mit der Stadterweiterung im 19. Jahrhundert fiel auch das **Sudenburger Tor** (Fundamente Ecke Danzstraße freigelegt). Der Breite Weg begann nun am **Hasselbachplatz**. Dort entstanden eindrucksvolle Gründerzeithäuser, wie das *Gebäude Breiter Weg 232* (Foto rechts) mit seiner historistischen Fassade, deren mittlerer Teil durch drei lebensgroße Standbilder der Bauhandwerke den Blick sofort auf sich lenkt.

Optisch dominiert den Hasselbachplatz jedoch der *„Plättbolzen"* (Breiter Weg 232 a) von 1886, der wegen seiner Bügeleisen-Form von den Magdeburgern auf diesen

Namen getauft wurde. Was von den prachtvollen Bauten Krieg und Nachkriegszeit überdauert hat, ist heute vorzüglich saniert und verleiht diesem Platz sein besonderes Flair. Benannt wurde er nach jenem

Der „Plättbolzen" am Hasselbachplatz

Oberbürgermeister, der die Stadterweiterung zur Chefsache gemacht, den industriellen Aufschwung nach Kräften unterstützt, die Straßenpflasterung forciert und die Gasbeleuchtung eingeführt hatte. Ein Denkmal für **Carl Gustav Friedrich Hasselbach** (1809-1882) forderten die Magdeburger gleich nach seinem Tod. Ein Brunnen sollte es sein, und mittendrin ein Obelisk. Den Entwurf lieferte der Bildhauer Karl Albert Bergmeier. Emil Hundrieser, Schöpfer des Magdeburger Lutherdenkmals (🔎 S. 74), fertigte das Modell und den Oberbürgermeisterkopf an. Die Brunnenfiguren stehen für Handel und Gewerbe, für Landwirtschaft und Wissenschaft. Der Brunnen wurde 1890 auf der Straßenkreuzung am heutigen Hasselbachplatz aufgestellt. Als sich das

Hasselbach-Brunnen am Haydnplatz

Erinnerungsmal für den verdienstvollen Bürgermeister zu einem Verkehrshindernis entwickelte, setzte man es 1927 um. Seither geht man, wenn man zum Hasselbachdenkmal will, zum Haydnplatz in der Nähe der Technischen Universität.

Hundertwasserhaus „Grüne Zitadelle Magdeburg"

Grüne Zitadelle

Nach Hundertwassers Verständnis umgeben fünf Häute den Menschen. Die erste, die menschliche Haut, kann er durch frisieren, maniküren, tätowieren, schminken verändern; die zweite nennt er die Kleidung, die vierte wird von seinem sozialen Geflecht gebildet, von Familie, Freunden, Kollegen. Die fünfte Haut legen Natur und Kosmos um uns. Die dritte Haut aber ist die Architektur. Ihr sind wir ausgeliefert, und wenn es mit dieser Haut nicht stimmt, macht das zwangsläufig krank. Irgendwann vernachlässigt man auch sich, seine sozialen Kontakte, die Beziehung zu Kosmos und Natur.

In Magdeburg begann alles mit einem Stiefel. 1997 initiierten Wohnungsbaugenossenschaften einen Kinder-Malwettbewerb. Die jungen Teilnehmer sollten zu Papier bringen, wo und wie sie gern wohnen würden. Die neunjährige Maria Prinz entschied sich für ein Leben im Stiefel. Ihre über mehrere Etagen verteilten Wohnbereiche wirkten so heiter, so phantasievoll und bunt, dass man sich auch als Erwachsener darin wohlfühlen könnte.

Als der Vorsitzende der Wohnungsbaugenossenschaft „Magdeburg 1954 e. G." einen alten Plattenbau am Breiten Weg sanieren musste, erinnerte er sich an diesen Stiefel und an den Ausruf seines Enkels: „Opi, wenn du solche Häuser bauen würdest, würden alle Kinder bei dir wohnen wollen!" Bei der Ehre gepackt, schrieb er an Friedensreich Hundertwasser nach Wien. Der schickte seine Leute aus, für ihn die „Seele" Magdeburgs und das Umfeld des zu sanierenden Objektes in Augenschein zu nehmen.

Als Hundertwasser die Fotos von Magdeburg und den aus den Trümmerfeldern des Krieges entstandenen Breiten Weg mit seinen monotonen, geradlinigen Zweckbauten sah, wollte er dieser „Betonwüste", etwas „Menschliches" zurückgeben.

Von Neuseeland aus, wo Hundertwasser lebte, entwarf er sein Haus für Magdeburg. Und weil ein solches Haus in seinen Augen eines Schutzes bedarf, erhielt es den Na-

---

Hundertwasser brachte nicht als Erster modernes Bauen nach Magdeburg. Bereits vor über hundert Jahren hinterließen Bauhaus-Ikonen wie Bruno Taut und Johannes Göderitz beeindruckende Zeugnisse Neuen Bauens (www.bauhaus-reisefuehrer.de/magdeburg). Einen detaillierten Einblick in die gesamte *Stadtentwicklung Magdeburgs* gibt die gleichnamige Dauerausstellung im Erdgeschoss eines DDR-Wohnblocks (Regierungsstraße 37), wo einst der Intershop Devisen abschöpfte. Jetzt, im IBA-Shop (Informieren-Beteiligen-Ausstellen), zeigen u. a. Altstadtgrundrisse die drastischen städtebaulichen Veränderungen und Modelle spannende Ideen für künftige Entwicklungen.

S. 54

men „Grüne Zitadelle". Damit schlug er einen lokalen Bogen und erinnerte an die Zeit, als die Stadt Preußens mächtigste Festung war.

Hundertwasser hatte das ganze Jahr 1999 über an der „Grünen Zitadelle Magdeburg" gearbeitet. Am 19. Februar 2000 starb er und es stellte sich die Frage, ob ein solches Werk ohne den Künstler gebaut werden dürfe. Weil er jedes Detail jedoch festgelegt hatte und die Ausführenden langjährige Weggefährten waren, wurde mit dem Bau begonnen. Das 27 Millionen teure Projekt betreute der Architekt Peter Pelikan.

Die Grundsteinlegung fand 2003 statt, die Einweihung am 3. Oktober 2005. Seither gehört das bunte Haus mit seinen goldenen Kuppeln, seinen „tanzenden Fenstern" und verblüffenden Formen zum Bild der Stadt. In dem Wohn- und Geschäftshaus gibt es ein Hotel, ein *Theater*, einen Kindergarten, ein Café und kleine Läden.

ℹ S. 78

In der *Information* im Innenhof erfährt man mehr über das Architekturprojekt, dem letzten von Friedensreich Hundertwasser entworfenen Bauwerk, und kann sich um und durch das Haus führen lassen.

ℹ S. 54

Man kann es als begrünte Oase empfinden, als „Erholungskapsel" oder „Vorhof zum Paradies". Man kann es mögen oder auch nicht. Sobald man aber einen Schritt in diese wundersame Welt hineingetan hat, bemerkt man, dass hier etwas vor sich geht mit einem. Und man spürt, dass man sich beim Gehen zusieht, während die Füße mit dem welligen Pflaster in einen Dialog treten …

Kulturhistorisches Museum

2001 fand im Kulturhistorischen Museum eine Otto dem Großen, Magdeburg und Europa gewidmete Ausstellung statt, die hunderttausende Besucher anzog und mit Großausstellungen über das Heilige Römische Reich Deutscher Nation, über die Zeit von Otto dem Großen bis zum Ausgang des Mittelalters sowie über den 800jährigen Dom und die Stauferkaiser ihre Fortsetzung erfuhr.

Museumsgeschichte. Am 16. Dezember 1906 wurde in der heutigen Otto-von-Guericke-Straße 68-73 das *„Kaiser Friedrich Museum"* eröffnet. Der Name erinnert an Friedrich III., der sich nicht nur als talentierter Feldherr, sondern auch als ein geachteter „Bewunderer und Kenner, Freund und Förderer der schönen Künste" hervortat.

Der Neubau war erforderlich, weil das kurz zuvor gegründete Städtische Museum am Domplatz bereits aus allen Nähten platzte. In den Depots und Ausstellungsräumen wurden wertvolle Stücke von der Antike bis zur Gegenwart verwahrt und präsentiert, darunter einzigartige Objekte zur Geschichte der Stadt, Gemälde von Dürer und Cranach, von Menzel, Leibl, Liebermann und Böcklin.

1895 übernahm der 32-jährige Theodor Volbehr die Leitung des Museums. Der deutschlandweit anerkannte Fachmann setzte sich vehement für den Museumsneubau ein. Aus einem Architekturwettbewerb ging der

mit dem beziehungsreichen Kennwort „Kiek in de Köken" versehene Entwurf als Sieger hervor. Die Idee stammte von dem Architekten Friedrich Ohmann aus Wien. Jener hatte einen mehrflügeligen Zweckbau im

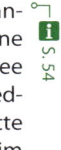
S. 54

Kulturhistorisches Museum und Museum für Naturkunde

Stile der Spätrenaissance geplant. Für die Präsentation der „Magdeburger Alterthümer" war ein sich über zwei Etagen erstreckender saalartiger großer Raum vorgesehen. Der sollte von Elementen der Romanik, der Gotik und des Jugendstils geprägt sein und durch seine Ausmaße (Höhe 16 Meter) und seine „Kapellen" (in einer hat die Figurengruppe „Der Magdeburger Reiter" ihren Platz gefunden) etwas Weihevolles, ja Sakrales haben. Ohmanns Rechnung ging auf. Der sogenannte *„Magdeburger Saal"* nahm die Besucher sofort gefangen und wurde zum „Herzstück" des Museums.

Hier bekamen eine Kopie des von Peter Fischer für den Dom geschaffe-

Arthur Kampf (1864-1950), dessen Historienbilder bis ins 20. Jahrhundert hinein in keinem Schulbuch fehlten, schuf das *monumentale Wandgemälde* im heutigen Kaiser-Otto-Saal. Der Maler, Grafiker und Illustrator hatte auf 110 Quadratmetern drei Szenen aus dem Leben Ottos des Großen dargestellt. Der mittlere Teil erinnert an seinen Sieg über die Slawen und Wenden und an den Einzug in Magdeburg (Foto S. 5). Auf dem linken Gemälde zeigt der Künstler den jungen König und seine Gemahlin beim Baustellenbesuch an der neuen Stadtmauer. Das dritte Bild illustriert Ottos über den Tod hinausreichende Liebe zu seiner ersten Frau: Gemeinsam mit der „Zweiten" kniet der Kaiser in der Krypta des Magdeburger Domes vor Edithas Grab.

nen Grabmals des Erzbischofs Ernst von Sachsen und später die Bronzereplik „Trauernde (Stadt) Magdeburg" des Wormser Lutherdenkmals ihren Platz. Den Blickfang bildete jedoch das monumentale Wandgemälde von Arthur Kampf.

Unter dem Direktorat von Theodor Volbehr hielt auch die Moderne im Kaiser-Friedrich-Museum Einzug. 1912 wurde van Goghs „Der Maler auf dem Weg nach Tarascon" angekauft. Werke von Barlach, Beckmann und Heckel, von Kirchner, Nolde, Schmidt-Rotluff und anderen jungen Künstlern wurden erworben oder ausgestellt. Die „Säuberungen" der Museen während des Dritten Reiches und die Auswirkungen des Krieges musste Volbehr nicht mehr erleben. Er starb 1931. Die Leitung des Hauses hatte er bereits 1923 an seinen langjährigen Assistenten Walther Greischel abgegeben.

Im Zweiten Weltkrieg war ein Großteil der Bestände, darunter zahlreiche Kisten mit Grafiken und knapp zweihundert der wertvollsten Gemälde, in einen nahen Kalischacht ausgelagert worden. Davon kehrte kaum etwas nach Magdeburg zurück. Ein Brand mag manches vernichtet haben, Plünderungen taten ein Weiteres. Verschwunden blieb auch van Goghs heiter stimmendes Selbstporträt.

Bei Kriegsende fehlten zwei Drittel des Bestandes. Magdeburgensien waren rar, und was nicht in die Zeit und in die Köpfe der Funktionäre passte, ließen sie vom Sockel stürzen, zertrümmern und entfernen. Der „Magdeburger Saal" hieß fort-

Den Anblick dieses stolzen Reiters behält man im Kopf, ebenso das stillvergnügte Schmunzeln der Mädchen und den Faltenwurf ihrer Gewänder. Die beiden sehen aus wie zwei sich gesund ernährende, fröhliche Maiden aus der Magdeburger Börde. Wenn man sie länger anschaut, vergisst man glatt, dass es in diesem Museum noch jede Menge anderes zu betrachten gibt und dass der Unterleib von Ottos Pferd eine gelungene Ergänzung ist.

an *„Otto-von-Guericke-Saal“*. In ihm wurde die Stadt jetzt vor allem als Zentrum des Schwermaschinenbaus präsentiert. Weil der Platz bemessen war, wurde eine Zwischendecke eingezogen; das so brutal zerschnittene Wandbild von Arthur Kampf durchbohrten Stahlträger.

Mit der Wende bemühten sich Restauratoren, ein Maler und ein Fotograf darum, den Schaden so gut es ging zu beheben, ergänzten aber bewusst nicht alles. Seit März 2001 ist das Historiengemälde in dem sanierten und in *„Kaiser-Otto-Saal“* umbenannten Raum wieder zu sehen.

S. 54

Die Ausstellung. Das bekannteste und kostbarste Ausstellungsstück ist der *„Magdeburger Reiter"*. Mit seinen beiden Begleiterinnen steht er an der Stirnseite des Saales. Die um 1240 entstandene Gruppe weist Bezüge zur Magdeburger Dombauhütte auf. Man vermutet, dass dort tätige Bildhauer auch diese Arbeit geschaffen haben.

Vor einigen Jahren wurde das Figurenensemble restauriert und akribisch untersucht. Ross und Reiter bestehen aus 109 Einzelteilen. Die charmanten Begleitpersonen bringen es auf 63 mehr. Reichlich die Hälfte des Standbildes besteht noch aus dem gleichen Sandstein, wie er beim Bau des Domes Verwendung fand. Die Metallkrone stammt von 1928, der Bildhauer Heinrich Apel ergänzte den Schweif.

Die *Dauerausstellung zur Stadtgeschichte* beleuchtet Magdeburgs

Die schon zum Bestand des Kaiser-Friedrich-Museums gehörende dreiteilige *Handschrift Martin Luthers* wurde Ende des Zweiten Weltkrieges in einem Staßfurter Salzstollen versteckt. Polnische Zwangsarbeiter stahlen zwei der Schriften, die bald darauf amerikanisches Militär beschlagnahmte. Das eigentliche „Testament Luthers" fand ein US-Militärgeistlicher. Er übergab es einer Luther-Forschungsstelle in St. Louis mit der Auflage, das wertvolle Manuskript erst nach Abzug der Russen aus Magdeburg zurückzugeben, was nach der Wende tatsächlich mit allen drei Teilen geschah.

Rolle als „Propagandazentrum der Reformation" ebenso wie die Ereignisse im Dreißigjährigen Krieg und die Zeit als Brandenburgisch-preußische Festungsstadt. Anschaulich wird vom Aufbruch ins Industriezeitalter erzählt, von der Modernisierung der Stadt im 19. und 20. Jahrhundert, von den Zerstörungen im Zweiten Weltkrieg und vom Wiederaufbau sowie von der Entwicklung zur Landeshauptstadt.

Eine weitere Dauerausstellung präsentiert Höhepunkte der *historischen Kunstsammlungen* des Museums. Der Bogen ist von der Antike bis zum Ausgang der Belle Époque gespannt. Gemälde und Skulpturen von der Renaissance bis zum 20. Jahrhundert laden zu einer farbenfrohen, grandiosen „Kunstverführung" ein, bei der auch zwei Tafelbilder von Lucas Cranach d. Ä. (erstmals rückseitig) und das Paradies-Paar (natürlich von vorn) zu sehen sind. Eine vielbestaunte Kostbarkeit ist die barocke Weihnachtskrippe aus Tirol. Da gibt es Kirchen, Häuser und Paläste, Ställe und Weiden. 62 Figuren beleben das Bild. Und unter den 28 Tieren sind auch Ochs und Esel zu finden.

Große wie kleinere *Sonderausstellungen* erweisen sich immer wieder als Publikumsmagneten. Sie nahmen 2020/21 die Urbanisierung Europas im Mittelalter und das Magdeburger Recht in den Blick und 2021/22 den Prämonstratenser-Orden. 2023 heißt es „Otto der Große in der Erinnerung späterer Zeiten". Dann nämlich jährt sich der Todestag des Kaisers zum 1050. Mal.

Museum für Naturkunde

Ein Eintritt, zwei Museen. Auch das im Krieg zerstörte Städtische Museum für Naturkunde hat hier sein Domizil. Die neue Dauerausstellung erzählt auf über 1000 Quadratmetern eindrucksvoll vom Ursprung des Lebens, von Artenvielfalt und Klimawandel, von urbanem Lebensraum und Stadtökologie.

Ein Zug der Tiere bündelt aktionsreich etliche Großpräparate wie Afrikanischer Elefant, Giraffe und Bison. Auch Buckelwal und Orca sind in Originalgröße mit von der Partie. Im *Fossiliensaal* „überdacht" ein sechs Meter langer Plateosaurus fossile Relikte wie Ammoniten (Kopffüßer-

gruppe mit gedrehten Gehäusen) und Trilobiten, versteinerte Krabben aus dem Tertiär.

i
S. 54

Zu Ausflügen in die Magdeburger Börde, die Auenlandschaft Mittlere Elbe und in den Harz lädt der Ausstellungsbereich *„Lebensräume Sachsen-Anhalts"* ein. Hier blickt man einem Luchs in die Augen und „Engelharts flache(r) Echse" ins Gesicht. Der eine ist inzwischen wieder im Harz beheimatet. Die 1834 entdeckte Echse lebte vor etwa 215 Millionen Jahren und kam auf zwei Tonnen Gewicht. Sie dürfte der berühmteste Dinosaurier sein, der jemals in Deutschland gefunden wurde.

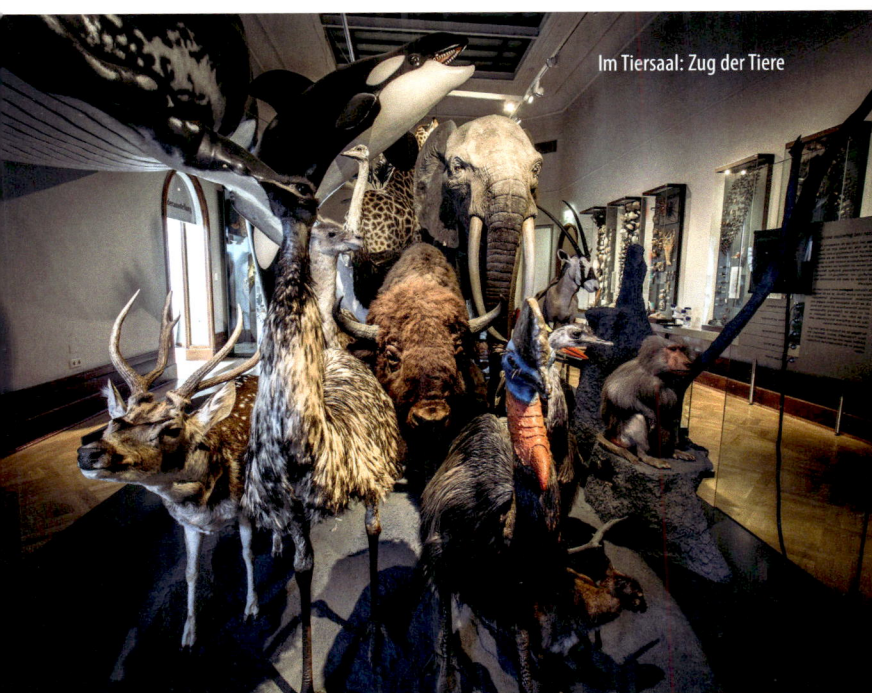

Im Tiersaal: Zug der Tiere

St. Sebastianskirche

Vom Breiten Weg nur wenige Schritte entfernt, steht man unvermutet vor einem Bischofssitz. Die ehrwürdigen alten Mauern der Kirche und die Vögel in den Bäumen machen die Nähe der verkehrsreichen Straße vergessen. Man fühlt sich hier wie auf eine Insel versetzt und gut aufgehoben. Mit dem eindrucksvollen doppeltürmigen Bau im Westen, dem Querhaus und dem alten Grundriss haben sich in der Sebastianskirche ein paar wichtige Details aus der Zeit der Romanik erhalten. Da ist es nur folgerichtig, dass die Bischofskirche unmittelbar an der Straße der Romanik liegt.

Erzbischof Gero hatte an dieser Stelle 1015 ein *Kanonikerstift* gegründet, in dessen Kirche er bestattet wurde. Fortan war es Tradition, einen Erzbischof am ersten Tag nach seinem Ableben in St. Sebastian aufzubahren, erst danach im Kloster Unser Lieben Frauen und dann im Dom. Das Stift hatte anfangs auch den Apostel Johannes und den heiligen Fabian als Schutzpatrone. Doch als das Kopfreliquiar Sebastians nach

Bronzetür (1987) am Westbau

Magdeburg kam, traten die beiden ins nächste Glied. Der Reliquie wurden wundertätige Kräfte zugeschrieben und in Zeiten der Gefahr ritt man damit auch schon mal die Grenzen des Erzbistums ab.

Nach Geros Tod wurde die Kirche bis zum Jahr 1168 zu einer *dreischiffigen romanischen Basilika* mit Querschiff und massivem doppeltürmigem Westbau ausgebaut. Stadtbrände hinterließen Spuren.

Im 14. Jahrhundert erfolgte der Umbau zu einer *Hallenkirche im gotischen Stil*, wobei man sich allerdings am alten Grundriss orientierte. Im Mai 1489 erhielt die Kirche durch Erzbischof Ernst von Sachsen eine erneute Weihe. Als dann sein sächsischer Verwandter Moritz gut fünfzig Jahre später mit seiner Streitmacht vor Magdeburg erschien, zogen die Verteidiger vorsorglich schon mal einige Kanonen auf die Türme der Kirche. Und die hielten das glatt aus.

Während der *Reformation* wurde das katholische Stift nahezu problemlos in ein protestantisches umgewandelt. Der Schriftsteller, Dramatiker und Pädagoge Georg Rollenhagen wirkte ab 1573 als Ers-

Die Kathedralkirche St. Sebastian

ter Prediger. Mehr als dreißig Jahre übte der vielseitige Humanist, Rektor des Altstädtischen Gymnasiums und Verfasser des Tierepos "Froschmeuseler" sowie des Stückes "Vom reichen Manne und vom armen Lazarus", seinen Einfluss aus.

Im Dreißigjährigen Krieg brannte die Sebastianskirche völlig aus. Erst 1692 fanden wieder Gottesdienste statt. Nach der *Säkularisierung* des Stifts 1810 fiel sein Besitz an den Staat. Das Langhaus wurde als Lager genutzt. Als die Franzosen nach Magdeburg kamen, richteten sie darin eine Feldschmiede ein. Mit der Industrialisierung und der Stadterweiterung siedelten sich auch wieder Katholiken in Magdeburg an und suchten ein Gotteshaus. Ab 1876 war St. Sebastian katholische Pfarrkirche.

Im Zweiten Weltkrieg schwer getroffen, wurde sie jedoch bald wieder instand gesetzt und 1949, die innerdeutschen Grenzen waren längst gezogen, *Katholische Bischofskirche*

eines Weihbischofs von Paderborn. Der musste seinen Sitz allerdings in Magdeburg haben.

1994 wurde die Kirche zur *Kathedrale* des neuen katholischen Bistums Magdeburg erhoben. Mittlerweile entstanden ein neues Sakristeigebäude und ein Kreuzgang mit Kapitelfriedhof.

Kostbares *Inventar* aus der alten Stiftskirche ist nicht mehr vorhanden. Dafür erhielten wertvolle alte Kunstwerke aus anderen Kirchen in der Magdeburger Bischofskirche einen würdigen Platz. Darunter befinden sich *zwei gotische Marienaltäre* und aus dem 15. Jahrhundert das lebensgroße *Kruzifix*.

Die *Bronzetür* des Westportals schuf im Jahre 1987 der Bildhauer Jürgen Suberg. Er gestaltete Szenen aus dem Alten und dem Neuen Testament. Und wie seine Eva ihr Gesäß keck heraus- und dem Betrachter entgegenstreckt, muss man schon gesehen haben!

i
S. 54

Tourist-Informationen

i **Tourist-Information Magdeburg** *www.visitmagdeburg.de*
Breiter Weg 22, 39104 Magdeburg
Tel. (03 91) 63 60 14 44, Fax 63 60 14 30, E-Mail: info@visitmagdeburg.de
Öffnungszeiten: Mo bis Sa 9.30 -18 Uhr, So/Feiertage 9.30 - 15 Uhr
Angebote: Zimmervermittlung • Stadtrundgänge und -fahrten für Individual- und
Gruppenreisende • Reisepakete • Verkauf der Magdeburg Tourist Card • Souvenirs

25 **Haus der Romanik • Info-Zentrum Straße der Romanik**
Domplatz 1b, Tel. (03 91) 8 38 02 22
Öffnungszeiten: Mo, Mi, Do, Fr 10 - 18 Uhr, Sa/So 10 - 16 Uhr

Informationen zur Straße der Romanik unter: *www.die-strasse-der-romanik.de*

Adressen und Öffnungszeiten

15 **Dom St. Mauritius und St. Katharina**
Am Dom 1, Tel. (03 91) 5 41 04 36, *www.magdeburgerdom.de*
Öffnungszeiten: Mai bis September 10 bis 18 Uhr, Oktober 10 bis 17 Uhr, November bis März 10 bis 16 Uhr, April 10 bis 17 Uhr (So/kirchliche Feiertage ab 11.30 Uhr)
Führungen: täglich 14 Uhr, zusätzlich So nach dem Gottesdienst etwa 11.30 Uhr
sowie von April bis Oktober auch Di bis Sa 16 Uhr

23 **Dommuseum Ottonianum Magdeburg**
Domplatz 15, Tel. (03 91) 99 01 74 21, *www.dommuseum-ottonianum.de*
Öffnungszeiten: Di bis So und Feiertage 10 - 17 Uhr, 24. und 31. 12. geschlossen

28 **Kunstmuseum Kloster Unser Lieben Frauen**
Regierungsstraße 4-6, Tel. (03 91) 56 50 20, *www.kunstmuseum-magdeburg.de*
Öffnungszeiten: Di bis Fr 10 bis 17 Uhr; Sa/So 10 bis 18 Uhr, *Führungen* zur Architektur und Geschichte sowie Besuch der *Klosterschulbibliothek*: nach Anmeldung

45 **Information der GRÜNEN ZITADELLE®**
Breiter Weg 8, Tel. (03 91) 59 84 83 17, *www.gruene-zitadelle.de*
Öffnungszeiten: täglich 10 bis 18 Uhr
Führungen: April bis Oktober Mo bis Fr 11, 13, 15 und 17 Uhr, Sa/So stündlich 11 bis
17 Uhr, November bis März Mo bis Fr 11, 13 und 15 Uhr, Sa/So stündlich 11 bis 15 Uhr

47 **Kulturhistorisches Museum und Museum für Naturkunde**
www.khm-magdeburg.de • *www.naturkundemuseum-magdeburg.de*
Otto-von-Guericke-Straße 68-73, Tel. (03 91) 5 40 - 35 30
Öffnungszeiten: Di bis Fr 10 bis 17 Uhr, Sa/So 10 bis 18 Uhr

52 **Kathedralkirche St. Sebastian**
Max-Josef-Metzger-Str. 1a, Tel. (03 91) 59 61 32 2, *www.kathedralpfarrei-sebastian.de*
Öffnungszeiten: täglich 10 bis 17 Uhr

45 **IBA-Shop Ausstellung zur Stadtentwicklung**
Regierungsstraße 37, Tel. (03 91) 72 72 61 00 und (03 91) 5 44 27 62
Öffnungszeiten: Di bis So 11 bis 17 Uhr, *www.urbane-zukunft-md.de*

▶ # Erlebnisse mit Blick auf die Elbe

Fahrgastschiff am Petriförder

Fürstenwall

Er hatte den Gleichschritt und den Ladestock in der preußischen Armee eingeführt und die Magdeburger mit einer Promenade beschenkt. Das allein würde schon ausreichen, um seinen Namen im Gedächtnis zu behalten! Fürst Leopold I. von Anhalt-Dessau, volkstümlich nur der „Alte Dessauer" genannt, kam 1702 als Gouverneur nach Magdeburg und blieb hier fast ein halbes Jahrhundert. Als er ging, war Magdeburg zur stärksten preußischen Festung geworden, und sobald Gefahr drohte, begaben sich Kurfürsten und Könige samt Familie und Staatsschatz in ihren Schutz.

Elbseitig wurde die Stadt durch zwei Mauern geschützt. Den als Zwinger bezeichneten Zwischenraum ließ Fürst Leopold während des Ausbaus der Anlagen zuschütten und auf dem entstandenen Wall eine Promenade anlegen – die erste öffentliche Flaniermeile Deutschlands. Und die Magdeburger haben es ihrem Schöpfer gedankt. Die Anlage erhielt den Namen Fürstenwall.

Von den fünf *Festungstürmen* existieren noch zwei. Der eine befindet sich gegenüber der 1431 errichteten hinteren Ausfahrt der Möllenvogtei und diente als Wasserkunst. 1631 zerstört und 1680 wieder aufgerichtet, erzählt auch er von der Geschichte der Festung und der Stadt. Nach 1820 gehörte der Turm zu einer benachbarten Bade- und Augenheilanstalt, was die Aussage

Dienstgebäude am Möllenvogteigarten

der griechischen Inschrift (Wasser ist das Beste) hinreichend erklärt. Der Turm, seit 1931 als Wohnturm genutzt, wurde wie die Gebäude daneben im Zweiten Weltkrieg getroffen.

Der andere Festungsturm wird von den Magdeburgern scherzhaft „Kiek in de Köken" genannt. Von seinen Zinnen konnte der Wachposten direkt in die erzbischöfliche Küche und dem Leibkoch auf die Finger und in den Topf gucken. Der im Kern mittelalterliche Turm diente – 1936 überformt – als nationalsozialistische Weihestätte.

Eine Treppe führt in den *Garten der Möllenvogtei* (🔎 S. 25). Möllen hießen die Beamten mit richterlichen Befugnissen, die sich der „weltlichen Aufgaben" im Erzbistum annahmen. Der Vogteigarten wurde bereits 1372 erwähnt. Damit dürfte er Magdeburgs älteste noch existierende gärtnerische Anlage sein. Ursprünglich befand sich hier auch ein Hafen. Er wurde nach 1632 aufgegeben, im 19. Jahrhundert vom preußischen Oberpräsidenten aber noch einmal belebt. Dessen stattliches *Dienstgebäude (Fürstenwallstraße 20)* begrenzt den Vogteigarten nach einer Seite hin. Der viergeschossige Verwaltungsbau wurde zwischen 1842 und 1844 erbaut. Neben dem Eingang prangt ein Schild mit dem Bundesadler. Hier hat das Wasser- und Schifffahrtsamt Magdeburg seinen Sitz, und das regelt auch den Schiffsverkehr auf der Elbe zwischen Hamburg und Decin.

In den zum Wall hin gelegenen Mauerbögen fanden mehrere aus dem Kriegsschutt geborgene

Backsteintor (1493)

Großplastiken einen würdigen Platz, darunter eine Madonna aus dem 15. Jahrhundert, eine Apollon-Figur vom barocken Portal des Schlosscafés am Breiten Weg (🔎 S. 42) und ein Petrus mit Brandspuren ohne Schlüssel und Kopf. Vom Vogteigarten führt der Weg steil bergan. Das spitzbogige *Backsteintor* stammt von 1493 und ist das einzige aus dem Mittelalter erhalten gebliebene Tor.

Der am Anfang des Fürstenwalls befindliche *Park* wurde 1890 von dem Gartenbaudirektor Johann Gottlieb Schoch auf dem Gelände der ehemaligen **Bastion Cleve** geschaffen, deren erhaltene Reste erst jüngst wieder ans Licht geholt wurden. Schoch fühlte sich offenbar zu einer solchen Anlage herausgefordert, denn in unmittelbarer Nähe baute man schon eifrig am Palais für den preußischen Generalkommandanten und an den palastähnlichen Häusern an der Augusta-, der heutigen Hegelstraße. Da brauchte es nur noch einen attraktiven öffentlichen Park! Das am höchsten Punkt errichtete *Siegesdenkmal* stand zu der Zeit bereits. Seit 1878 erinnert es an die Reichsgründung und an die Kriege von 1866 und 1870/71. Die Büsten von Moltke und Bismarck, von Kronprinz Friedrich und Wilhelm Eins blicken staatstragend in die Ferne und das Mädchen im Wappen winkt gleich auf zwei Seiten von den Zinnen der Stadt.

Ein *Denkmal* im Park ist dem Lützower Jäger *Karl Friedrich Friesen* (1784 in Magdeburg geboren, am

15. März 1814 gefallen) gewidmet. An der Ecke zur Straße Am Dom befindet sich ein von dem Schriftsteller Reimar Gilsenbach (1925-2001) angeregtes *Denkmal für die aus Magdeburg vertriebenen und ermordeten Sinti und Roma*.

In der kurzen *Straße Am Dom* muss man auf seine Schuhspitzen schauen, um niemanden zu übersehen. Ins Pflaster sind hier Platten mit den Namen und den Daten der Ottonen, beginnend im Jahre 915 und bis 1024, eingefügt. Die 931 geborene Adelheid, liest man, wurde 947 Königin von Italien, 951 Königin des Westfränkischen und 962 Kaiserin des Heiligen Römischen Reiches

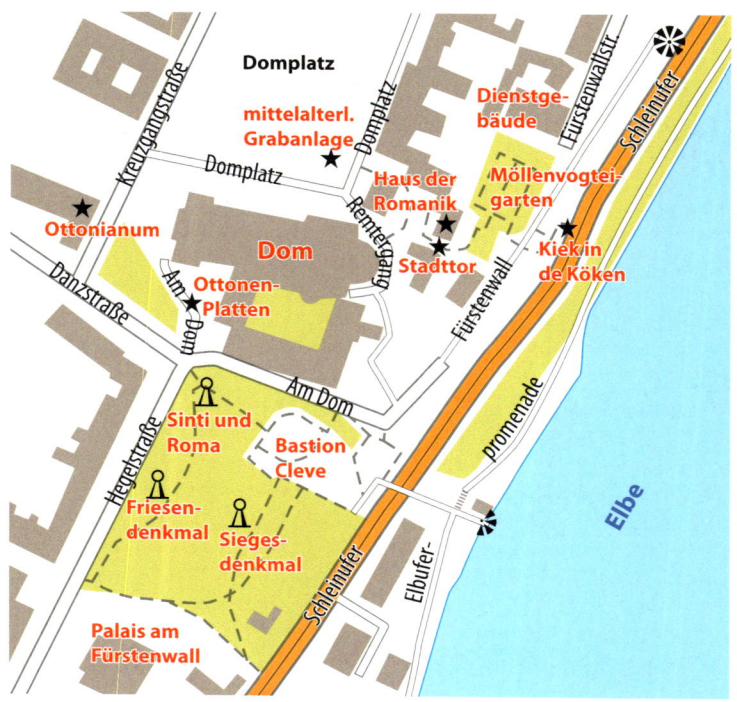

Reste der Bastion Cleve

Deutscher Nation. Das Portal am ehemaligen Evangelischen Konsistorium (heute Landeskirchenamt der Evangelischen Kirche in Mitteldeutschland) hat man später eingefügt. Es stammt aus der abgerissenen Taufkirche Friedrich Wilhelm von Steubens am Breiten Weg (🔎 S. 42), dessen Denkmal am Ende der Hegelstraße steht.

In der *Hegelstraße* fühlt man sich nach Paris versetzt. Kein Wunder: Beim Anlegen der nach 1877 entstandenen Prachtstraße hat man sich sehr bewusst am französischen Vorbild orientiert. Und bei der Rekonstruktion der denkmalgeschützten Straße Anfang der 1990er Jahre wurden weder die historischen Pumpen und Kandelaber, noch die Vorgarteneinfriedungen, Bäume und Gehwegmosaiken vergessen.

Die vom Domplatz zur Harnackstraße führende Allee lädt zum Flanieren und Schauen ein. Hier befinden sich zahlreiche repräsentative Bauten, deren Äußeres von Neorenaissance und -barock bestimmt ist und deren prachtvolle Innenausstattung man ahnt. So beispielsweise das *Haus Hegelstraße 3* mit kannelierten Pilastern oder *Hegelstraße 30* mit einer prächtigen Tordurchfahrt. Im Treppenhaus *Hegelstraße 16* sind sieben Büsten historischer und zeitgenössischer Architekten vor neobarocker Wand- und Deckenmalerei aufgestellt.

Das attraktivste Gebäude ist das *Palais am Fürstenwall* (Hegelstraße 42). Es entstand nach einem Entwurf des Magdeburger Architekten Paul Ochs zwischen 1889 und 1893. In ihm residierte der Generalkommandant des IV. preußischen Armeekorps, der von 1903 bis 1911 Paul von Hindenburg hieß. Wenn der Kaiser und die Kaiserin nach Magdeburg kamen, logierten sie hier. Nach dem Ersten Weltkrieg zog die Finanzbehörde in den Prunkbau ein. Gegen Ende des Zweiten Weltkrieges nahmen zunächst die Amerikaner das Gebäude in Besitz. Ab dem 1. Juli 1945 richtete sich die sowjetische Militärverwaltung hier ein. Von 1949 bis 1990 diente das Gebäude als „Haus der Gesellschaft für Deutsch-Sowjetische Freundschaft". Im Juni 1953 erhielt das „Haus der DSF" den Namenszusatz „Erich Weinert". Der wenige Wochen zuvor verstorbene Dichter stammte aus Magdeburg-Buckau.

Das dreigeschossige Gebäude, das zur Hegelstraße hin allerdings

---

Als begnadeter Sprechdichter war Erich Weinert vor 1933 oft bei Arbeiterversammlungen aufgetreten. An ihn und an den Dramatiker Georg Kaiser, einem anderen Magdeburger, erinnert eine Dauerausstellung im „Literaturhaus Magdeburg" in der Thiemstraße 7, das zugleich auch *Weinerts Geburtshaus* ist. Der mit vielen Talenten ausgestattete Weinert ging, wie Georg Kaiser, ins Exil. 1945 kam er aus Moskau zurück. Dass er während seines Militärdienstes im Jahre 1911 vor Hindenburgs Dienstsitz gelegentlich Posten gestanden hatte, war für die Namensgebung von 1953 mit Sicherheit ohne Belang.

ℹ S. 78

Palais am Fürstenwall

nur zwei Geschosse besitzt, hatte Paul Ochs im Stile der italienischen Hochrenaissance entworfen. Es erinnert an einen prunkvollen Palazzo und war immer ein „Haus mit politischen Inhalten". Heute dient das Palais am Fürstenwall als Staatskanzlei und als Dienstsitz des Ministerpräsidenten von Sachsen-Anhalt.

Bei der jüngsten Restaurierung wurden über zweitausend Quadratmeter Wand- und Deckenfläche freigelegt und bearbeitet. Von dem „Vormieter" aus DDR-Tagen war vieles übermalt, überklebt und entfernt worden. Liebevoll saniert und restauriert zeigt sich das Palais jetzt auch im Inneren wie ein toskanisches Kleinod von hohem kunsthistorischen Wert.

Im alten Glanz ist auch der **Fest-saal** wiedererstanden. Florentinischen Fresken nachempfundene Malereien schmücken die Decke. Im **Salon** ist der Sieg von 1870/71 dargestellt. Und dort, wo sich der Kaiser und die Kaiserin Gute Nacht sagten (heute Zimmer 110 und ohne Bett) sieht man sich mit einem Deckengemälde zum Thema „Tag und Nacht" konfrontiert. Da wüsste man schon ganz gern, wie es sich unter einem solchen Bild und als Kaiser neben Ihrer Hoheit Augusta Victoria schlief.

Zu einer *Führung* durch den Dienstsitz des Ministerpräsidenten muss man sich per Email anmelden: besucherservice@stk.sachsen-anhalt.de.

Elbuferpromenade

Die in den 1970er Jahren angelegte Elbuferpromenade mit ihren heiteren Plastiken ist schon der Nähe zum Strom wegen ein bevorzugter Spazierort. Boote und Ausflugsdampfer fahren vorüber, während Güterschiffe in Schubverbänden Magdeburg zu einer Stadt auf dem Weg zum Meer machen. Zu einem über den Domfelsen ragenden Steg führt die Brücke an der Bastion Cleve und bietet eine wahrhaft schöne Aussicht übers Wasser.

An vergangene Zeiten und an die Menschen, die an der Elbe lebten und arbeiteten, erinnert der *steinerne Fährmann*, der sich nahe der Strombrücke kraftvoll ins Zeug legt. Der 1980 verstorbene Bildhauer Eberhard Roßdeutscher schuf diese Plastik und auch die *fünf Reliefs* darunter, die von Magdeburger Geschichte und von Persönlichkeiten berichten. So erscheint der Bürgermeister und Erfinder Otto von Guericke als Naturwissenschaftler, während das Barocktheater, in dem die komische Oper „Pimpinone" aufgeführt wird, auf den Komponisten Georg Philipp Telemann verweist.

Wer früher in Magdeburg Bäcker und Bierbrauer war, dem ist es gut gegangen. Die nahe fruchtbare Börde war ein Zentrum des Getreideanbaus, die Stadt hatte das Stapelrecht und so veredelte man das Korn gleich vor Ort. Dafür bedurfte es na-

Nachbau einer Schiffmühle am Petriförder

Steinerner Fährmann und Reliefs
von Eberhard Roßdeutscher

türlich der Müller, und die mahlten ohne ein Lüftchen ihr Korn. Schon 1297 arbeitete eine Schiffmühle am Welschen Turm. Eine Ratsmüh-le aus dieser Frühzeit ist ebenfalls verbürgt. Auf alten Stichen liegen gleich ein bis zwei Dutzend solcher Mühlen angekettet nebeneinander auf dem Strom.

Die letzte *Magdeburger Schiffmühle* wurde 1874 abgerissen. Die „Magdeburger Dampfschiffahrts-Companie" hatte sich schon bald nach ihrer Gründung 1837 über die Existenz von fünf Mühlen am Petriförder beschwert. Als dann die Kettenschleppschifffahrt von Hamburg nach Aussig so richtig in Gang kam, entwickelten sich die Mühlen

Weitere Arbeiten des Bildhauers Eberhard Roßdeutscher entdeckt man an der Stadtmauer unterhalb der Magdalenenkapelle. Sechs *Magdeburger Originalen* hat er hier ein Denkmal gesetzt, darunter dem „Fliejentutenheinrich", dem Straßenkehrer „Lusebeck" mit Hund und der „Feuerkäwer" genannten rothaarigen Tabakwarenhändlerin.

Festungsmauer unterhalb der Lukasklause

pe verweist auf das Hochwasser am 19. August 2002 und an die Erbauer des Pretziener Wehrs (1875). Dieses technische Meisterwerk bewahrte Magdeburg vor Schlimmerem.

Reste des elbseitigen Befesti-gungsringes sowie die **_Kanone_** auf der Lafette erinnern an den Einfall Tillys und die fast vollständige Zerstörung der Stadt im 30-jährigen Krieg. Das 2 665 Kilogramm schwere Geschützrohr forderte der Kurfürst Friedrich Wilhelm von Brandenburg 1669 als Huldigungsgeschenk von der Stadt. Die „Halbe Kartaune" fand im Berliner Zeughaus ihren neuen Platz; ein ganz passabler Abguss kam 1974 nach Magdeburg zurück.

im Strom zu einem bedrohlichen Hindernis. Den heutigen Nachbau der Schiffmühle am Petriförder veranlasste die Otto-von-Guericke-Gesellschaft. Eine Tafel neben der Trep-

Otto-von-Guericke-Zentrum

Der Magdeburger Halbkugelversuch:
Die fünf Meter hohe und acht Meter lange Bronzegussplastik des Bildhauers Prof. Thomas Virnich beherrscht seit 2002 den Ratswaageplatz

Otto-von-Guericke-Zentrum

Radfahrer, die auf dem Elberadweg daherkommen, ziehen die Bremsen, sobald sie bei der Lukasklause den Hinweis auf das Guericke-Zentrum sehen. Otto von Guericke hatte 1663 die Reiseluftpumpe entwickelt und sie auf dem Reichstag dem Kaiser vorgeführt. Schon allein das wäre ein Grund, hier einen Zwischenstopp einzulegen.

In dem vier Stockwerke hohen ehemaligen Wehrturm aus spätgotischer Zeit ist das Otto-von-Guericke-Museum untergebracht. Hier werden der Lebensweg und die Leistungen Guerickes als Naturforscher, Diplomat und Erfinder und nicht zuletzt als Ingenieur und langjähriger Bürgermeister dieser Stadt veranschaulicht. Das nachempfundene Arbeitszimmer und eindrucksvolle Nachbauten seiner „Magdeburger Experimente" fesseln den Besucher. Und natürlich sind hier neben Pumpen, Barometern und kosmischen Beobachtungen auch die berühmten Magdeburger Halbkugeln zu sehen.

S. 78

1903 zog der Künstlerverein St. Lukas in das alte Gemäuer. Aus dem Wehrturm „Preußen" wurde die Lukasklause. Eine Ausstellung im 2010 eingeweihten Guericke-Zentrum erinnert an deren Geschichte, ebenso wie an die neue Trogbrücke, an das *Schiffshebewerk Rothensee* und an das Pretziener Wehr.

S. 92

Magdalenenkapelle

Wegen einer Dieberei wurde die Kapelle ab 1315 als Zeichen der Sühne errichtet. Mit dem Kirchlein beschenkte Papst Urban VI. siebzig Jahre später das Mariä-Magdalenen-Kloster. Die benachbarte Petrikirche erhielten die frommen Schwestern vom Orden der Büßerinnen gleich noch dazu.

Eine Tafel im nahen Rosengarten erinnert heute an diesen wichtigen „Frauenort" und an die Begine Mechthild von Magdeburg, der ersten deutschen Mystikerin. Sie war um 1230 in die Stadt gekommen, wo sie fast vierzig Jahre nach den strengen asketischen Regeln des heiligen Dominikus lebte.

Die Reformationzeit brachte auch für die Bewohnerinnen des Mariä-Magdalenen-Klosters auf dem erhöhten Westufer über der Elbe mancherlei Veränderung mit sich. Die Nonnen verließen die Stadt. Das Kloster verfiel allmählich und ging in städtischen Besitz über. Später fanden hier unversorgte Bürgertöchter eine Heimstatt und eine Töchterschule öffnete ihre Pforten.

1722 ließ Fürst Leopold von Anhalt-Dessau die Klosterkirche zum Lazarett umbauen. Es war die erste derartige Einrichtung der Stadt. Im Jahre 1848 wurden sämtliche Gebäude des Klosters abgebrochen.

Baubeschreibung. Allein die Fronleichnamkapelle am Hochufer hat die Zeiten überdauert, sogar den letzten Krieg. Mit ihrem gotischen Steildach und dem schlanken Spitztürmchen ist sie ein architektonisches Kleinod und ein eindrucksvolles Zeugnis hochgotischer Baukunst. Die Kapelle kommt ganz ohne äuße-

---

Die Dieberei. Ein dreister Bursche hatte ein wertvolles Hostiengefäß aus dem Paulinerkloster entwendet. Daheim angekommen, bemerkte er, dass die Büchse noch gut gefüllt war. Am nächsten Morgen wollte er den geweihten Inhalt auf den Altar der Petrikirche legen, verlor aber die Nerven. Er rannte, weil er fürchtete, entdeckt zu werden, an der Kirche vorbei und versteckte die Hostien an dem vom Mariä-Magdalenen-Kloster zur Elbe führenden Weg.

Ein Fuhrmann kam des Wegs, seine Pferde bäumten sich an dieser Stelle auf und wollten keinen Schritt weiter. Der Kutscher sprang ärgerlich vom Bock und entdeckte den Grund für die Aufgeregtheit der Tiere. Der Dieb war derweil schon beim Verkauf des leeren Gefäßes gefasst worden, nun besiegelte der Fund sein Schicksal. Der Bursche wurde zum Tode verurteilt und hingerichtet.

Weil man sich aber nicht sicher war, ob der Frevel damit schon genug gesühnt war, errichtete die besorgte Bürgerschaft für alle Fälle am Fundort noch eine Sühnekapelle.

St. Magdalenenkapelle am Rosengarten

re Strebepfeiler aus. Fünf schmale und hohe gotische Fenster schmücken den von einem Kreuzrippengewölbe abgeschlossenen Chor.

Wer die Orgel spielen will, darf keinesfalls zu beleibt und muss schwindelfrei sein. Die Empore ist schmal. Wenn man aus der Höhe in den Chor hinabschaut, wird einem ganz anders. Die auf einer Mittelsäule ruhende Empore wurde nachträglich eingebaut, und weil in dieser Kapelle alles doch etwas klein geraten ist, fiel auch die Galerie zierlich aus. Ihr Anblick aber ist ein ästhetischer Genuss.

Nutzung. Nach der Restaurierung in den 1960er Jahren nutzte die kleine Gemeinde der Magdeburger Altlutheraner die Kapelle als Gotteshaus. 1988 errichtete man eine Gedenkstätte für den französischen Revolutionsgeneral Carnot.

Seit die Magdalenenkapelle 1991 dem Hilfswerk Subsidiaris übergeben wurde, ist sie ein Ort der Stille und Besinnung und täglich geöffnet. Im April 2008 wurde die Kapelle als Trauerort geweiht, an dem Angehörige ihre Verstorbenen in ein Buch einschreiben können.

St. Petrikirche

Trutzig wirkt er und ein bisschen aus der Achse gerückt ist er auch! Der aus hammerrechtem Bruchstein errichtete Turm der katholischen Pfarrkirche St. Petri hat etwas Wehrhaftes und erinnert an die Dorfkirchen des Mittelalters. Mit seinen Rundfenstern und Schallöffnungen, den Würfelkapitellen und Säulen ist dieser Turm ein wichtiges Zeugnis romanischer Baukunst und eine von vier Magdeburger Stationen auf der „Straße der Romanik" in Sachsen Anhalt.

Baugeschichte. Als das vor der nördlichen Stadtmauer gelegene Fischerdorf Frose 1390 zu Magdeburg kam, musste die alte Saalkirche der Petri-Gemeinde einer größeren gotischen Kirche weichen. Nur der Turm blieb erhalten, „rückte" allerdings am neuen Bauwerk ein Stückchen nach Nordwest.

Im 30-jährigen Krieg und zuletzt 1945 wurde St. Petri zerstört. Die katholische Kirche erwarb die Ruine und baute das Gotteshaus bis 1970 wieder auf. Die fünf dabei rekonstruierten Zwerchgiebel aus dem Mittelalter sollen einen Eindruck aus der Zeit vor der ersten Zerstörung vermitteln. St. Petri, ab 1545 evangelisch, wurde 1970 als katholische Pfarrkirche geweiht und nach der Gründung der Universität zur katholischen Universitätskirche erhoben.

St. Petrikirche
mit den markanten Zwerchgiebeln

Baubeschreibung. Die dreischiffige Hallenkirche ist 32 Meter lang, 22 Meter breit und 16 Meter hoch. Sie wird jetzt von einer Holzdecke abgeschlossen, doch die starke Ausstrahlung, die diese gotische Architektur auf den Betrachter ausübt, bleibt.

Das Langhaus besteht aus fünf Jochen, der Chorraum, bau- wie kunstgeschichtlich wohl der interessanteste Teil, besticht durch seine dicht nebeneinanderliegenden Fenster.

Chorherren eines kleinen Prämonstratenserkonvents kommen heute regelmäßig in der Kirche zu Heiliger Messe und Vesper zusammen. Für sie entstand bis 2022 ein neues Klostergebäude. Beim Aushub der Baugrube traten die Reste eines mittelalterlichen Wehrgebäudes aus dem beginnenden 13. Jahrhundert zum Vorschein. Diese sogenannte „Romanische Stube" soll künftig bei Führungen zu besichtigen sein.

Ausstattung. Die liturgischen Elemente im *Chor* schuf – vom Altar bis zum Taufstein, vom Osterleuchter bis zum Priestersitz – der Magdeburger *Bildhauer Heinrich Apel* (🔍 S. 34). Die farbigen Fenster entwarf Carl Fritz David Crodel (1894-1973), der sich **Charles Crodel** nannte und einer der bedeutendsten Glasmaler seiner Zeit war. Es macht Freude, jedes Fenster für sich zu entdecken. Wie Heinrich Apel, so hat auch Charles Crodel den Versuch unternommen, mit seinem modernen Werk eine Brücke zum Mittelalter und zu diesem großen gotischen Raum zu schlagen.

Die Fenster der Nordseite verweisen auf Ereignisse aus dem Neuen Testament. Diese korrespondieren auf dem jeweils gegenüberliegenden Fenster mit Szenen aus dem Alten Testament. Das Fenster links neben dem Eingang erzählt von Marias Begegnung mit dem Engel. Die Gottesmutter trägt Zöpfe, wodurch sie der Jungfrau im Wappen der Stadt etwas ähnelt. Im Fenster daneben sitzt das Kind auf ihrem Arm. Der Thron Davids ist verwaist. Auf dem „Nähtisch der Maria" erkennt man Nadel und Faden, Schere und Stoff, und eine Katze hockt ganz unten rechts.

ℹ S. 78

In der *Kapelle an der Südseite* stammen Altar und Buchstütze, der Schlussstein mit seinen vier Köpfen, Tabernakel und Ewigkeitsampel wiederum von Heinrich Apel. Das *Kruzifix* wie die bemalte *Lindenholzmadonna* mit Traube und Kind sind spätgotische Arbeiten und entstanden um 1480.

Lohnend ist ein *Spaziergang um die Kirche*. Auf diese Weise kann man die im Stil norddeutscher Backsteingotik errichtete Vorhalle sowie die imposante Giebelfront genauer in Augenschein nehmen. Von der Mauer bietet sich ein herrlicher Blick hinüber zur Elbe, auf die Neue Strombrücke zur Rechten und die Jerusalembrücken ganz links.

Mit der an der Kirche angebrachten stilisierten Muschel der *Pilger* ist St. Petri eine empfohlene Station auf dem Weg nach Santiago de Compostela.

★ Tipp

Wallonerkirche

Das achteckige Glockentürmchen zwischen Hauptschiff und Chorraum verweist auf eine Kirche der Bettelmönchorden. In der Tat befand sich hier ein Kloster der Augustinereremiten, dessen Mittelpunkt die 1285 gestiftete Kirche St. Augustini war. Während der Reformationszeit besuchte der Augustinermönch Martin Luther häufig das Kloster und verbreitete hier seine Lehre.

i S. 78

Nach der Auflösung des Augustinerklosters diente die Kirche als Gymnasium und Armenspital. 1689 forderte der brandenburgische Kurfürst Friedrich III. den Rat der alten Stadt Magdeburg auf, die verfallene Kirche wieder herzurichten und mit Gestühl und Kanzel zu versehen.

1694 wurde St. Augustini an die französischen Glaubensflüchtlinge übergeben. Diese waren aus ihrer wallonischen Heimat im heutigen Belgien vertrieben worden und hatten zunächst in der Pfalz, nach abermaliger Flucht in Mannheim Aufnahme gefunden, ehe sie auf Einladung des Großen Kurfürsten nach Magdeburg kamen. Mit dem Einzug der wallonisch-reformierten Gemeinde wurde aus der Kirche St. Augustini die Wallonerkirche. Im Zweiten Weltkrieg schwer beschädigt, setzte der Wiederaufbau erst in den 1960er Jahren ein.

Beim Betreten der dreischiffigen Hallenkirche überraschen zunächst ihre Weite (35 Meter) und ihre Höhe (20 Meter). Vor dem Nagelkreuz im Langhaus laden Sitze zum Innehalten ein. Freitags wird an dieser Stelle um 12 Uhr das Versöhnungsgebet von Coventry gesprochen.

Ein Rundgang, als *Meditationsweg* angelegt, erinnert an jene acht „verlorenen Magdeburger Kirchen", die während der DDR-Zeit aus städtebaulichen und ideologischen Gründen gesprengt wurden. Zu ihnen gehört die 1288 erbaute, 1688 erweiterte und 1945 schließlich ausgebombte Heilig-Geist-Kirche (Goldschmiedebrücke, Höhe Regierungsstraße). 1951 wurde sie mit ausländischer Unterstützung wieder aufgebaut. Als eine neuseeländische Pianistin vor einigen Jahren nach Magdeburg reiste, um die Taufkirche von Johann Philipp Telemann zu besuchen, kam sie umsonst. Die Heilig-Geist-Kirche war 1959, nur wenige Jahre nach ihrem Wiederaufbau, gesprengt worden. Das Basedow-Denkmal nahe der IBA-Ausstellung (S. 45) gemahnt daran.

Ein gotisches Spitztürmchen ist auf der Rasenfläche des Innenhofes abgestellt. Ursprünglich schmückte es den schmalen Turm, der sich über dem Dach der Kirche erhebt. Die altersschwarze Fiale hat eine erstaunliche Größe, und man atmet schon erleichtert auf, dass sie in diesem Zustand auf dem Rasen und nicht hoch oben auf der Balustrade steht!

Wenn die Adventszeit anbricht, gibt es wohl kaum einen Magdeburger, der nicht nach dem Türmchen der Wallonerkirche Ausschau hält. Alljährlich am Tag des heiligen Nikolaus wird ein Christbaum auf den Turm gezogen. Mit Lichtern geschmückt, erinnert er weithin sichtbar an das weihnachtliche Geschehen. Dieser Brauch dürfte wohl des Mangels an offenen Kirchtürmen wegen so gut wie einmalig sein. Am 6. Januar schwebt der Walloner-Weihnachtsbaum wieder zur Erde.

In den 1970er Jahren schlossen sich die ihrer alten Gotteshäuser beraubten altstädtischen Gemeinden zur Reformierten Gemeinde und zur Kirchengemeinde Magdeburg-Altstadt zusammen. Beide fanden in der Wallonerkirche ein neues Zuhause: die einen in der Kapelle an der Südseite des Chores, die anderen im *Hohen Chor* selbst. Der musste 1951 zum Zwecke der Turmsicherung vermauert werden. So entstand ein separater sakraler Raum. Man betritt ihn durch ein neu eingefügtes Portal (nur während einer Führung möglich).

Eindrucksvoll wirken die fünf hohen, schlanken gotischen Fenster mit ihrem schönen Maßwerk. Der mit zwei Flügelpaaren versehene kostbare *Schnitzaltar von 1488* gehörte ursprünglich zum Inventar der Kirche St. Ulrich in Halle, die 1976

in eine Konzerthalle umgewandelt wurde. Auch das von Maria und von drei weiteren Heiligenfiguren getragene *bronzene Taufbecken* stammt aus der Hallenser Kirche. Gegossen wurde es jedoch 1430 „to magedeborch", und damit kehrte es an seinen Entstehungsort zurück.

Die *Epitaphien* an den Wänden, teilweise französisch verfasst, blieben aus jener Zeit erhalten, als die Walloner die Kirche in Besitz hatten. Die *David-Figur* neben dem Eingang schmückte einst die Orgel der Magdeburger Pfarrkirche St. Ulrich (🔎 S. 76) und begleitete die Altstadtgemeinde auf all ihren Stationen. Nun hängt der Harfe spielende David hier.

Auch die im *Kreuzgang* aufgestellten *Grabmale* stammen aus Gotteshäusern, die es heute nicht mehr gibt. Ein auffallender monströser Stein erinnert an Jacob Bertram. Zwei Geschütze, Lunte, Kugeln, Reinigungsset und ein Pulverfass sind darauf zu sehen. Der 1697 Verstorbene war Oberst der Artillerie. Als man ihn zu Grabe trug, schoss man so euphorisch Salut, dass die Scheiben in den Fenstern von St. Jacobi zersprangen.

St. Johanniskirche

St. Johannis, nahe beim Alten Markt gelegen, war die reichste und zugleich auch die älteste Pfarrkirche der Stadt. Bereits 1015 findet sie als „ecclesia mercatorum" Erwähnung; einen älteren Hinweis auf eine Kaufmannskirche gibt es in Deutschland nicht.

S. 78

Baugeschichte. Mit dem Bau einer kreuzförmigen dreischiffigen Basilika wurde 1131 begonnen. Die doppeltürmige Westfassade entstand ab 1208. Zwei Jahrhunderte später erfolgte der Umbau zur gotischen Hallenkirche. Da war St. Johannis bereits Hauptpfarr- und Ratskirche.

Martin Luther predigte hier im Juni 1524. Danach war Magdeburg eine protestantische Stadt, die sich bei vielen Gelegenheiten als Bollwerk des neuen Glaubens auszeichnete. Als Tilly 1631 in Magdeburg einfiel und alles niederbrennen ließ, wurde auch St. Johannis zerstört. Der Wiederaufbau erfolgte erst 1669. Auch im Zweiten Weltkrieg blieb die Kirche nicht verschont. Die Ruine kam 1968 in städtischen Besitz. Als Mahnmal sollte sie fortbestehen. 1980 wurde der südliche Turm als Aussichtsturm geöffnet.

Mit der Wende des Jahres 1989 wurde von vielen Magdeburgern der Wunsch geäußert, die Johanniskirche wieder aufzubauen. Ein Kuratorium wurde gegründet und ein Spendenkonto eingerichtet. 1994 sang der Magdeburger Knabenchor in der Ruine Weihnachtslieder. 1999 wurde Magdeburgs älteste ehemalige Pfarrkirche als *Kulturzentrum* eingeweiht. Seither finden hier Kongresse, Konzerte und vielfältige andere Veranstaltungen statt.

S. 92

St. Johanniskirche

„Zu St. Johannis, die Reichen. Zu St. Ulrich, desgleichen./Zu Heilig-Geist, die Tischer./Zu Petri, die Fischer. Zu St. Katharina, der Arme./ Zu St. Jakob, dass sich Gott erbarme!", lautete ein gern zitierter Spruch, wenn es um die Kirchen von Magdeburg ging.

Otto-von-Guericke-Gedenkstätte. Während der Restaurierung erfolgten auch Um- und Anbauten. So kann man beispielsweise jetzt die Gruft der Familien Alemann und Guericke, eingerichtet als Gedenkstätte für Otto von Guericke, besichtigen.

Seine früh verstorbene erste Frau, die eine geborene Alemann war, liegt hier ebenso begraben wie nahe andere Verwandte. Das stützt die Vermutung, dass auch Magdeburgs bedeutendste Persönlichkeit am 2. Juli 1686 in der Johanniskirche beigesetzt worden ist. Die Totenfeier für Otto von Guericke fand allerdings in der Ulrichskirche statt, wohin der Sarg unter großer Anteilnahme der Bevölkerung und unter dem Geläut sämtlicher Kirchenglocken gefahren wurde.

Der Tod hatte den 84-Jährigen bereits am 11. Mai in Hamburg ereilt, wo er bei seinem Sohn gelebt hatte. Die Überführung nach Magdeburg hatte sich durch die Belagerung Hamburgs durch die Dänen immer wieder verzögert.

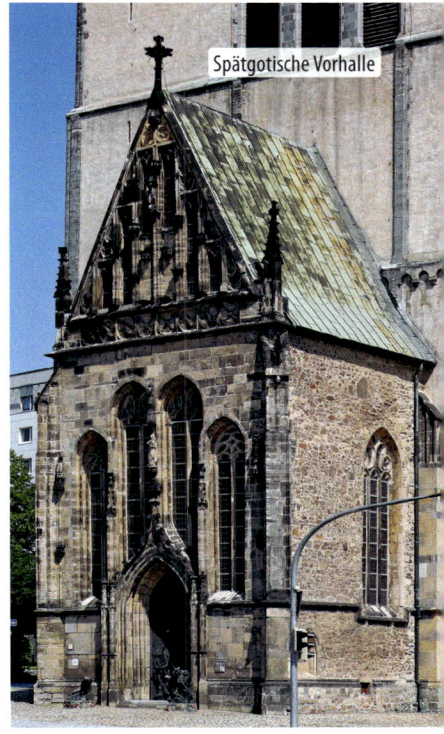
Spätgotische Vorhalle

Mit dem Einbau von dreizehn farbigen *Glasfenstern* fand der Wiederaufbau der Johanniskirche im Reformationsjahr 2017 seinen krönenden Abschluss. Die Idee für den Fensterzyklus stammt von dem Dresdner Maler und Grafiker Max Uhlig. Auf den gotischen Fenstern im Chorraum begegnet uns in abstrahierter Form der Weinstock und auf der Südwand ein sechsteiliges Landschaftsbild in Erdtönen und feurigen Farben.

Besonderes. In der Kirche gibt es einige kunst- und baugeschichtliche Besonderheiten, etwa die Reste einer romanischen Krypta, die spätgotische Sakristei oder den barocken Kanzelträger.

S. 78

In der Westvorhalle trifft man auf eine sitzende, trauernde Frau mit einem Zinnenkranz auf dem Kopf. Es ist die *„Trauernde Magdeburg"*. Diese 1858 von Ernst Rietschel für das Wormser Reformationsdenkmal entworfene Begleitfigur wurde von Adolf Donndorf ausgeführt. Der Zweitguss kam 1906 dank einer Schenkung an die Stadt und in die

Johanniskirche. Hier „überlebte" die „Trauernde Magdeburg", wie durch ein Wunder, die Bombardements des Krieges und die Zerstörung der Kirche unbeschadet.

An den 16. Januar 1945 erinnert alljährlich das Geläut der beiden alten *Glocken* im Nordturm. Weitere Anlässe sind der Reformationstag, kirchliche Veranstaltungen und der Todestag Otto von Guerickes. Die außen am Chor aufgereihten historischen Glocken stammen aus verschiedenen Kirchen.

Die wiederholten Zerstörungen der Stadt beschäftigten auch den Madeburger Künstler Heinrich Apel, der das *Eingangsportal* gestaltete. Er gab seiner Bronzetür den Titel „Krieg und Frieden", die Skulpturen davor zeigen eine „Mutter mit Kind" und eine „Trümmerfrau" (🔎 S. 34).

Wenn man die 277 Stufen im Südturm hinaufsteigt, wird man mit einem unvergesslichen *Rundblick* belohnt. Man sieht bei gutem Wetter nicht nur den Brocken und den Harz. Zum Greifen nahe sind auch Hafen und Jahrtausendturm, und

S. 78

Das *Luther-Denkmal* vor der Johanniskirche erinnert an die zündende Predigt des Reformators am 26. Juni 1526, rückseitig an die 400. Wiederkehr seines Geburtstages am 10. November 1883.

man staunt über das viele Grün. Das Rathaus sieht von hier oben noch viel schöner aus, und vor der Kirche wirkt der große Luther von Emil Hundrieser (1886) ganz klein.

Aufgereihte Glocken am Chor

Ernst-Reuter-Allee

An eine die Stadt in Ost-West-Richtung durchquerende Straße hatte Otto von Guericke gedacht, als er das zerstörte Magdeburg wieder aufbauen wollte. Drei Jahrhunderte mussten vergehen, bis seine Idee umgesetzt wurde. Die Voraussetzungen dafür schufen abermals Zerstörung und Krieg. Durch das große Flächenbombardement 1945 waren gerade im Zentrum viele Häuserzeilen ausradiert und Straßenzüge unterbrochen worden.

Wohnraum wurde dringend benötigt. Da begann der Magdeburger Chefarchitekt Johannes Kramer eine völlig neue, den Breiten Weg und die Otto-von-Guericke-Straße durchschneidende Magistrale zu bauen, die sich bis zur Strombrücke über die Elbe erstreckt. Repräsentativ sollte sie sein, und mit den Moskauer Großbauten der Dreißigerjahre und dem sogenannten „Zuckerbäckerstil" der Stalinallee in Berlin war auch schon die Richtung vorgegeben.

So entstanden in den 1950er Jahren reich gegliederte und mit Fassadenschmuck versehene Fünf- und Achtgeschosser. Sie wurden in traditioneller Bauweise errichtet und waren gut ausgestattet. Wer hier wohnte, war privilegiert oder hatte unglaubliches Glück. Im Erdgeschoss befanden sich große Geschäfte. Dass sich eine derart repräsentative Straße, die den Namen des ersten DDR-Präsidenten erhielt und Wilhelm-Pieck-Allee hieß, auch her-

Denkmalgeschützter „stalinistischer Klassizismus" in der Ernst-Reuter-Allee

Bronzemodell der St. Ulrichskirche

vcrragend als Aufmarschplatz für Mai- und andere Großkundgebungen eignete, liegt auf der Hand. Dass Kirchen in einer solchen Umgebung das Bild stören und tonangebenden Funktionären ein Dorn im Auge sein würden, ebenso. Aus diesem Grunde wurde die *Pfarrkirche St. Ulrich und Levin* am Morgen des 5. April 1956 gesprengt. Dass sie 1022 erstmals erwähnt wurde, damit die zweitälteste Kirche von Magdeburg und für das geistige Leben und die Geschichte der Stadt von herausragender Bedeutung war, interessierte in diesem Zusammenhang nicht.

Bedingt durch ihre Lage war die Ulrichskirche die reichste Kirche von Magdeburg. Namhafte Persönlichkeiten gehörten zur Gemeinde; Georg Rollenhagen etwa, der Schulmann und Dichter, oder der Lehrer Martin Agricola, der die Notenschrift einführte. Zur Reformationszeit wurden im Hause des Pfarrers Streitschriften verfasst und reichsweit versandt. „Unseres Herrgotts Kanzlei" nannte man Magdeburg deshalb und Wilhelm Raabe, der Jahrhunderte später in Magdeburg Buchhändler war, schrieb unter diesem Titel sogar einen Roman. In der Ulrichskirche traf man sich auch, um die „Magdeburger Zenturien", das Standardwerk der Reformation, zusammenzustellen.

Nach der Wende bekam die Wilhelm-Pieck-Allee einen neuen Namen. Die Ost-West-Magistrale wurde nach *Ernst Reuter* benannt. Er war 1931 bis 1933 Oberbürgermeister von Magdeburg und nach dem Krieg Regierender Bürgermeister von Westberlin. In den Neunzigerjahren hatte der Bau-Boom auch von Magdeburg Besitz ergriffen. Besonders an und im Umfeld der Ernst-Reuter-Allee wurde viel investiert.

1997 öffnete das „City-Carré" seine Pforten. Ein Jahr später wurden das sich auf 250 Metern vom Breiten Weg zur Elbe hin erstreckende „Allee-Center" und das „Ulrichshaus" eingeweiht. Letzteres, ein viergeschossiges Büro- und Geschäftshaus, steht am ebenfalls neu geschaffenen Ulrichplatz. Beide wollen mit ihrem Namen an die Pfarrkirche erinnern. Von ihr gibt es ein Bronzemodell auf einem Sockel mit umlaufendem Schriftband, das Ereignisse und Daten kundtut. Eine Initiative

Der Bildhauer Heinrich Apel (🔍 S. 34) hat dem Magdeburger **Ehrenbürger Igor Belikow** ein Denkmal gesetzt. Auf der linken Seite hält ein Vogel eine Schnur im Schnabel, an deren Ende ein Lot hängt. Die Zahl 22 nennt die Fallhöhe der Vierjährigen. Wer Belikows Militärmantel sehen will, gehe einfach um das Denkmal herum.

zum Wiederaufbau der Ulrichskirche erlitt im März 2011 eine Niederlage. Es war der erste Bürgerentscheid in der Geschichte der Stadt.

Beim Gang durch die Ernst-Reuter-Allee stößt man zuweilen auf *Tafeln mit dem Stadtwappen und Hinweisen* auf zerstörte Straßen und Gebäude. Man nimmt zur Kenntnis, dass die westliche Grenze der mittelalterlichen Altstadt dort verlief, wo heute das Haus Ernst-Reuter-Allee 26 steht. Am Nachbarhaus befindet sich kein Hinweis. Aber auf der anderen Straßenseite, am Rande der Grünanlage, steht ein *Mädchen in Bronze mit Tulpenstrauß*. In die Bronzeplatte daneben ist das Wohnhaus von gegenüber geritzt. Ein Kurztext gibt Auskunft, dass der Fliegerhauptmann der Roten Armee Igor Belikow am 13. März 1969 der vierjährigen Kathrin Lehmann das Leben gerettet hatte, als das spielende Mädchen im fünften Stockwerk des Hauses Wilhelm-Pieck-Allee 24 aus dem Fenster fiel. Der 28-jährige Belikow war zu einer ärztlichen Untersuchung in

Magdeburg und befand sich auf dem Rückweg zu seiner Garnison. Als er sah, was sich auf der anderen Seite anbahnte, rannte er hinüber, breitete seinen Mantel wie ein Sprungtuch aus und fing das Mädchen in letzter Sekunde darin auf.

Von der Ernst-Reuter-Allee führt die kurze *Hartstraße* zum Alten Markt hinüber. Über den Ein- und Durchgängen der nach dem Krieg errichteten Bauten sind **historische Hauszeichen** eingelassen. Sie waren in den Kriegstrümmern entdeckt worden und erinnern, wie die einst zum Jubiläum der Landeshauptstadt angefertigten **Kanaldeckel**, an Magdeburgs langes Leben und große Vergangenheit.

Der historische Hauptbahnhof wurde umgebaut, der Eisenbahnknoten Magdeburg modernisiert. Die 100 Jahre alte Brücke über die Ernst-Reuter-Allee musste einem Tunnel weichen. Ein *Tunnel* mit mehreren Ebenen! Die Fertigstellung dieses Großprojekts verzögerte sich immer wieder, 2023 ist es nun soweit. Unterirdisch fahren Autos und Lastwagen, die Ebene darüber teilen sich Straßenbahn sowie Fußgänger und Radfahrer und über allen rauschen die Züge.

Adressen und Öffnungszeiten

Petriförder 1, Tel. (03 91) 5 32 88 91, *www.weisseflotte-magdeburg.de*
Öffnungszeiten Büro: Mo bis Fr 8 - 16 Uhr, Abfahrtszeiten der Fahrgastschiffe auf
elektronischen Anzeigetafeln ersichtlich, Tickets an Bord

Schleinufer 1, Tel. (03 91) 56 39 09 80, *www.ovgg.ovgu.de*
Öffnungszeiten: Di bis Fr und So 10 - 17 Uhr

Neustädter Straße 4, Tel. (03 91) 5 43 40 95, *Öffnungszeiten:* täglich 10 - 17 Uhr

Neustädter Straße 6, Tel. (03 91) 5 43 46 13
Öffnungszeiten: täglich 10 - 16 Uhr, Chorbesichtigung nach telefonischer Anmeldung

Johannisbergstraße 1, Tel. (03 91) 5 93 44 50 (Kulturzentrum)
Öffnungszeiten: Di bis So 10 - 17 Uhr (bei Veranstaltungen keine Besichtigung)
Turmbesteigung: während der Öffnungszeiten möglich

Theater und Kultur

Opernhaus Universitätsplatz 9 • *Schauspielhaus* Otto-von-Guericke-Straße 64 •
Magdeburgische Philharmonie, Theaterkasse: Tel. (03 91) 40 490 490

Thiemstraße 7, Tel. (03 91) 4 04 49 95, *Öffnungszeiten:* Mo bis Fr 10 - 12 und 14 - 16 Uhr

Puppentheater mit Museum *www.puppentheater-magdeburg.de*
Warschauer Straße 25 , Tel. (03 91) 5 40 33 10
Öffnungszeiten der Ausstellung in der Villa P.: Mi bis So 11 - 17 Uhr

Theater an der Angel *www.theater-an-der-angel.de*
Zollstraße 19, Tel. (03 91) 5 55 65 55, Fax 8 11 81 13

Kabarett Magdeburger Zwickmühle *www.zwickmuehle.de*
Leiterstraße 2a, Tel. (03 91) 5 41 44 26

Kabarett „...nach Hengstmanns" *www.hengstmanns.de*
Breiter Weg 37, Tel. (03 91) 4 02 55 40

Breiter Weg 8 a, Tel. (03 91) 59 75 04 90

Regierungsstraße 4-6, Tel. (03 91) 5 40 67 70

Schönebecker Straße 129, Tel. (03 91) 5 40 67 70 (kulturelle Veranstaltungen)

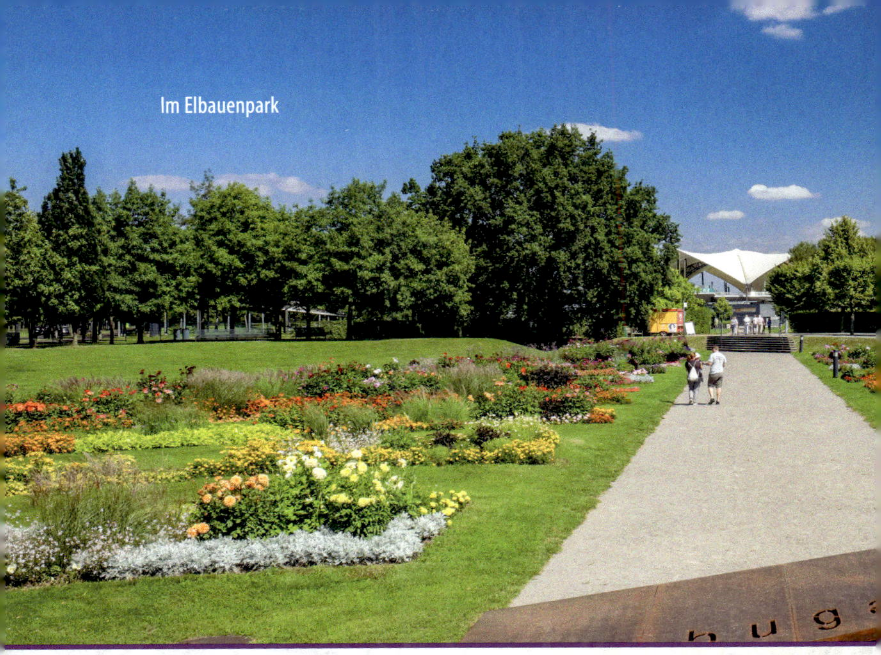

Im Elbauenpark

Oasen genießen

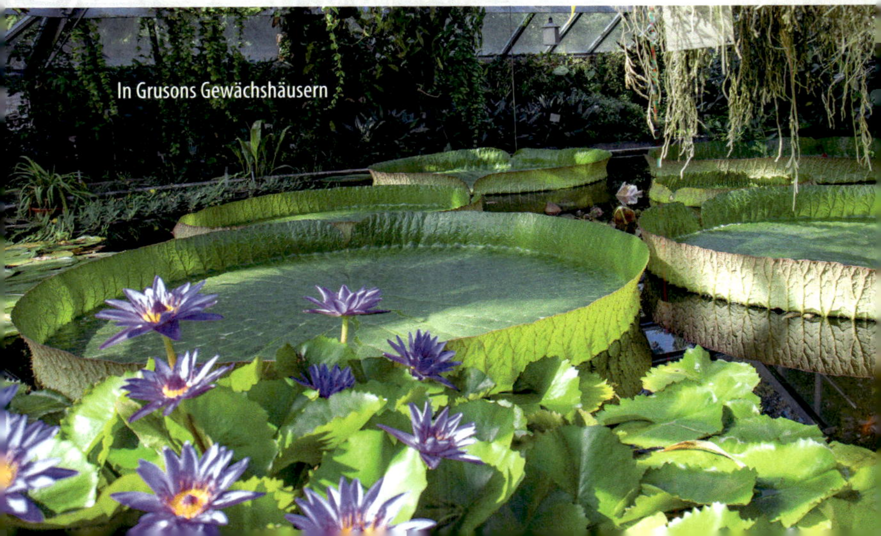

In Grusons Gewächshäusern

Stadtpark Rotehorn

Man muss einem Magdeburger in die Augen und auf den Mund schauen, wenn er von seinem Stadtpark zu schwärmen beginnt! Und sobald man selbst diese Parkinsel betreten und ihre Anlagen gesehen hat, teilt man des anderen Begeisterung und kommt von diesem Kleinod nicht mehr los.

Der Rotehornpark bildet den südlichen Teil einer langgestreckten Insel. Die nimmt die Elbe auf fünf Kilometer in ihre Arme. In nördlicher Richtung verläuft der Werder mit Zollelbe und Winterhafen. Beim Kilometer 323 teilt sich der Fluss. Dort beginnt der Rotehornpark, der zur Linken von der Stromelbe und zur Rechten von der Alten Elbe begrenzt wird.

Den städtischen Gartenbaudirektor Paul Niemeyer muss die Lage im Strom so begeistert haben, dass er einen Plan entwarf und 1871 damit

begann, erste Gehölze anzupflanzen und Wege anzulegen. Unter seinen Nachfolgern wurde der Park bis an die Alte Elbe ausgedehnt. Aus der Tauben Elbe entstand ein See. Und da ein gewisser Adolf Mittag – nebst Gattin – gerade eine sehr beachtli-

Der *Name des Parks* geht auf eine alteingesessene Magdeburger Familie zurück, die hier einen „Hagen" besaß, der vielleicht nur eine Wiese war. Aus diesem Hagen der Rotes wurde irgendwann das Rotehorn.

Im Rotehornpark

Das Pferdetor an der Stadthalle

che Summe für die Verschönerung des Stadtparks gestiftet hatte, setzte man noch zwei Inseln in den See. Der bekam den Namen des Stifters und eine der Seeinseln den seiner Frau. Ein Tempelchen steht auf der Marieninsel, über eine Bogenbrücke zu erreichen und im Jugendstil.

1922 wurde der Sternbrückenzug eingeweiht. Fortan kam man auch zu Fuß leicht von der Stadt in den Park. Es war die Zeit des „Neuen Bauens" (🔍 S. 45) und Männer wie Bruno Taut oder Paul Mebes setzten Akzente. Vier Ausstellungshallen wurden errichtet.

1927 sollte die „Deutsche Theater-Ausstellung" in Magdeburg stattfinden. Weil man Gäste aus aller Welt erwartete, wurde nach den Plänen von Johannes Göderitz in nur 249 Tagen eine *Stadthalle* gebaut. Über einer Pfahlgründung entstand eine Stahlskelettkonstruktion, 100 Meter lang, 50 Meter breit und 22 Meter

⌐°
ℹ
S. 92

hoch. Sie wurde mit Klinkern ausgemauert und bot zu ihrer Eröffnung 3 300 Menschen Platz. Die Konzertorgel war mit 10 000 Pfeifen und 131 Registern eine der größten weltweit.

Mit der Sanierung bis 2025, bei der das Gebäude komplett entkernt wurde, erhält die Stadthalle einen variablen Saalboden. Mit ihm können die hinteren Plätze für eine bessere Sicht angehoben werden.

Auch der 60 Meter hohe *Aussichtsturm* wurde eigens für diese Theaterausstellung errichtet und begeistert Besucher des Stadtparks noch heute. Der Turm ruht auf 89 Betonpfählen, die auf einer Fläche von zwölf mal zwölf Metern neun Meter tief ins Erdreich getrieben worden sind. Und wenn man das vergessen kann, ist der Ausblick ein Genuss!

Den Turm entwarf der Architekt Albin Müller, von dem auch das aus Klinkern errichtete *Pferdetor* stammt. Als es 1927 eingeweiht wur-

⌐°
ℹ
S. 92

de, war der *Seitenradschleppdampfer „Württemberg"* schon achtzehn Jahre auf der 668 Kilometer langen Strecke zwischen Hamburg und Aussig unterwegs, immer fünf, sechs mit 3600 Tonnen beladene Lastkähne im Schlepp. 1974 ging der 1909 auf der Werft in Roßlau gebaute Dampfer in Ruhestand. Er wurde zu einem Museums- und Gaststättenschiff umgebaut und 1978 dem Kulturpark Rotehorn übergeben. Seitdem liegt der Dampfer auf den Elbwiesen gegenüber der Stadthalle „vor Anker". Das Schiff, das auch dem Hochwasser 2013 getrotzt hat, kann besichtigt und für Feiern genutzt werden.

ℹ S. 92

Auf der historischen Hubbrücke in den Park

Von dieser Stelle aus hat man einen guten Blick auf zwei Brücken, die der Stolz der Magdeburger sind: die Hubbrücke und die *Sternbrücke*. Eine 1914 bis 1922 errichtete Brücke bekam später den Namen des ersten Präsidenten der jungen Weimarer Republik. 1933 von Ebert- in Hitlerbrücke umbenannt, zerstörte die Wehrmacht sie bei Kriegsende. Die Reste zu beiden Seiten erinnerten an Land noch weit über fünfzig Jahre an diesen Verlust. Am 1. Mai 2005 wurde an gleicher Stelle die Sternbrücke eingeweiht. Sie ist Radfahrern und Fußgängern vorbehalten und ragt wie ein „Blaues Wunder" unweit der historischen Hubbrücke empor.

Die *Hubbrücke* ist ein außergewöhnliches technisches Denkmal. Für die Eisenbahnlinie nach Berlin war sie im 19. Jahrhundert mit einem Drehpfeiler ausgerüstet worden. Diese Konstruktion ersetzte ab 1895 eine 33 Meter lange Hubbrücke, die – hochgezogen – die Schifffahrt nicht behinderte. 1934 wurde sie gegen ein 90 Meter langes Hubjoch ausgetauscht. In fünf Minuten wurde das vierhundert Tonnen schwere Joch auf knapp drei Meter angehoben. Inzwischen ist auch diese Brücke, die eine der ältesten Spezialbrücken des Kontinents ist, im „Ruhestand".

Hat man über die Hubbrücke den Rotehorn-Park erreicht, erhöht sich vermutlich schlagartig die Pulsfre-

Die Hubbrücke verbindet den Rotehornpark mit der anderen Stadtseite. Unterhalb der Brücke hängt eine **Riesenschaukel**, von der man Beine baumelnd den Blick über die Elbe auf den Dom genießen kann.

★ Tipp

quenz von Mathe-Fans beim Blick nach rechts auf einen hyperbolischen Paraboloid. Das selbsttragende Stahlbetondach der *Hyparschale* folgt der Form einer regelmäßig doppelt-gekrümmten Fläche, die sowohl Hyperbeln und Parabeln als auch Geraden enthält.

Ein begeisterter Verfechter dieser Bauform war Ulrich Müther (1934-2007). Der Bauingenieur entwarf die 500 Menschen aufnehmende Mehrzweckhalle. Ab 1969 fanden Messen, Konzerte und Partys statt, selbst Shakin' Stevens schüttelte in den 1980er Jahren seine Beine hier. Nach der Wende verfiel das Bauwerk

zusehends, wurde 1997 baupolizeilich gesperrt und gelangte 1998 auf die Landesdenkmalliste. Das war wohl die Rettung! Bis Ende 2023 will man die Hyparschale nun sanieren, um sie dann wieder als vielseitige Mehrzweckhalle zu nutzen.

In Nachbarschaft der Hyparschale entstand zwischen 1996 und 1998 das *Landesfunkhaus* des Mitteldeutschen Rundfunks. Die Westfassade des Gebäudes öffnet sich zur Altstadt hin, und es dürfte wohl kein zweites deutsches Funkhaus geben, aus dessen Fenstern man gleichzeitig auf einen Dom und auf einen Strom sehen kann.

Der Seitenradschleppdampfer „Württemberg"

Klosterbergegarten

Deutschlands erster Volkspark entstand vor rund 190 Jahren im Stadtteil Buckau. Ursprünglich befand sich auf dem Gelände das unter Otto I. gegründete Kloster St. Johannis auf dem Berge. Nach wechselvoller Geschichte war es während der napoleonischen Zeit zerstört und bald darauf abgetragen worden. Im Kloster existierte seit der Reformationszeit eine berühmte Lehranstalt, die später auch Christoph Martin Wieland besuchte. Vom Turm des klösterlichen Observatoriums aus entdeckte der Lehrer Silberschlag 1761 die Venusatmosphäre.

1820 erwarb die Stadt das wüste Klostergelände und ließ nach Plänen von *Peter Joseph Lenné* eine 30 Hektar große Parkanlage entstehen. Die berücksichtigte alle Aspekte der Landschaftsgärtnerei, reichte bis an die Elbe und sollte vor allem auch jenen Vergnügen und Erholung bereiten, „welche die Zeit oder die Fuhrkosten nach entfernten Lustorten nicht aufzuwenden" vermochten.

Nach dem Besuch Friedrich Wilhelms III. erhielt der Volkspark den Namen des Preußenkönigs. Als zentralen Mittelpunkt entwarf der Baumeister Karl Friedrich Schinkel für den Friedrich-Wilhelm-Garten ein *„Gesellschaftshaus"*, das dann, etwas „abgespeckt", in den Jahren 1828/29 errichtet wurde. Die Ausführung lag in den Händen von Friedrich Wilhelm Wolf. Der klassizis-

Das Schinkel'sche Gesellschaftshaus

Froschbrunnen
in der Treppenanlage zur Sternbrücke

tische Putzbau mit seinem über zwei Geschosse reichenden Festsaal war von vielen Wegachsen des Gartens zu sehen. Das Gesellschaftshaus in der Schönebecker Straße und der Garten entwickelten sich zum bevorzugten Ausflugsziel der „besseren Gesellschaft".

Die städtebauliche Entwicklung und das Anlegen einer Eisenbahntrasse führten dazu, dass der Landschaftspark zerschnitten wurde und letztlich nur ein etwa zehn Hektar großer Kernbereich erhalten blieb. Die 1896 am Südrand des Gartens eröffneten *Gewächshäuser* mit ihren berühmten Gruson-Sammlungen (🔎 S. 86) verhalfen dann der Anlage zu einer zusätzlichen Attraktivität.

1921 erfolgte die Umbenennung in Klosterbergegarten. Von Kriegseinwirkungen blieb der Garten weitestgehend verschont. 1950 nahmen die Pioniere das Schinckel'sche

Gesellschaftshaus als Pionierhaus und den Klosterbergegarten als Pionierpark in Besitz. 1978 wurde die Anlage unter Denkmalschutz gestellt und 1990 erhielt sie ihren alten Namen zurück.

Um das Jahr 2000 begannen Enthusiasten, den Klosterbergegarten wieder im Sinne von Lenné umzugestalten. Das in alter Pracht hergerichtete Gesellschaftshaus ist mit seinen Salons und Sälen heute Ort vieler *Veranstaltungen* sowie „Zentrum für *Telemann-Pflege und -Forschung*" mit Bibliothek und Archiv (🔎 S. 32, 41).

ℹ S. 78

Nicht nur der Klosterbergegarten, auch der Elbauenpark, der Herrenkrug und der Rotehornpark gehören zum touristischen *Landesprojekt „Gartenträume"*, das 43 bedeutende Gärten und Landschaftsparks vereint.

Gruson-Gewächshäuser

An seiner Wiege war es dem 1821 geborenen Hermann Jacques Gruson wahrlich nicht gesungen worden, dass er dereinst den Hartguss erfinden, Geschütztürme herstellen und der berühmteste Sukkulenten- und Kakteensammler Europas werden sollte!

S. 92

Als junger Mann hatte er in Berlin bei August Borsig gearbeitet und dessen exotische Pflanzensammlung kennengelernt. Wieder in Magdeburg, versuchte Gruson dem väterlichen Freund nachzueifern. Bald besaß er seltene Exemplare aus Süd- und Mittelamerika, aus Afrika und dem Mittelmeerraum.

An der Marienstraße, in deren Umfeld seine Fabriken lagen, ließ Hermann Gruson Gewächshäuser errichten. Sein Obergärtner Albert Mathsson musste forschend durch Mexiko reisen und expedierte von dort eine Kiste nach der anderen mit unbekannten Kakteenarten nach Magdeburg-Buckau. Die Sammlung wuchs beständig und wurde als „reichhaltigste und vornehmste des Kontinents" gepriesen. Als Gruson 1895 starb, ging die Sammlung – ganz in seinem Sinne – in den Besitz der Stadt über.

Am 13. April 1896 öffneten am Rande des Klosterbergegartens die „Gruson-Gewächshäuser" ihre Pforten. Magdeburg wurde zu einem „Mekka der Kakteenliebhaber". Bis heute hält diese Popularität der im Krieg schwer beschädigten Anlagen unvermindert an. In neuen Schauhäusern wird der Reichtum exotischer Pflanzen offensichtlich und man staunt über die Vielfalt der Formen und Farben.

350 Pflanzengattungen in gut dreitausend Arten können besichtigt werden, darunter auch exotische Nutzpflanzen, die bei uns Früchte tragen, und natürlich die „Königin der Nacht". Im *Palmenhaus* führen 24 Stufen zu einer Brücke hinauf, auf der man dann wie auf einem Baumkronenpfad über den Wipfeln wandelt. Einige Farne und Palmen stammen noch aus der Gründungszeit. Bemerkenswert ist der unter Artenschutz stehende Bootfarn; deutschlandweit gibt es kein größeres Exemplar. Im denkmalgerecht rekonstruierten *Tropenhaus* befindet sich ein Wasserschildkrötenbecken.

Die Goldkugelkakteen im *Kakteenhaus* tragen Grusons Namen (Echinocactus grusonii) und sind volkstümlich als „Schwiegermutterstuhl" bekannt. Das größte Exemplar hatte Gruson, der täglich viele Stunden studierend und vergleichend „mit seinen Lieblingen" verbrachte und nachts sogar von ihnen träumte, noch selbst wachsen sehen.

Im *Technikmuseum Magdeburg* kann man dem Hartguss-Erfinder Hermann Gruson näher kommen, der hier 1871 vor allem Panzerplatten und Geschütztürme produzierte (🔎 S. 8).

S. 92

Im Palmenhaus

Elbauenpark

Auf einem rund einhundert Hektar großen ehemaligen Militärgelände entstanden eine blühende Parklandschaft und mittendrin mancherlei faszinierende Einzelprojekte, so der Jahrtausendturm oder die rekultivierte Hausmülldeponie mit „Tiefbrunnen" für Biogas. Die 25. Bundesgartenschau 1999 hatte weit über eine Million Besucher angelockt und begeistert! Im Jahr darauf wurde das auf dem Kleinen und Großen Cracauer Anger gelegene Ausstellungsgelände unter dem Namen „Elbauenpark Magdeburg" neu eröffnet.

ℹ️ S. 92

Natur und stadtnahe Erholung, Kunst, Unterhaltung und Sport sind in diesem Park, der größtenteils auf einem noch bis 1993 von der Roten Armee genutzten Gelände entstanden ist, auf faszinierende Weise zusammengebracht worden. Hier werden sämtliche Sinne angesprochen. Man findet duftende Blumen wie in einem großen Garten, Baumhaine, Blickachsen, Wiesen, Wasser, Alleen. Im *Rosengarten* auf dem Kleinen Anger werden mehr als 300 Sorten gezeigt, und wenn man die Wälle auf dem Großen Anger betritt, findet man sich wieder inmitten von Stauden und einer überwältigenden Farbenpracht.

Wer den Elbauenpark regelmäßig besucht, hat natürlich einen Blühkalender am Spiegel oder im Kopf: Im April und im Mai das Maßlieb sowie Goldlack, Narzisse, Ranunkel und Mandelbaum; Ziertabak und Astilben im Sommer, Wildstauden, Wiesen, Rosen und Phlox; im Herbst dann Astern und Dahlien, Fettblatt, Gräser, Rose und Heidekraut.

Für Abwechslung sorgen auch die fünfzehn *Themengärten*. Im „Garten der Besinnung" sitzt man wie in einem Klosterhof. Schon durch die Auswahl der Farben und Materialien fühlt man sich im „Garten der Musik" an harmonische Dreiklänge und an Georg Philipp Telemann erinnert. Der „Garten der Macht" wiederum schlägt mit seinen hoch aufragenden weißen Säulen und Kegeln die Brücke zu Otto dem Großen und zu Magdeburg als „drittem Rom".

Das Sandmännchen grüßt

Im Jahrtausendturm

Eines der aufregendsten „Großprojekte" des entstehenden BUGA-Geländes war die Sanierung der 1993 geschlossenen *Hausmülldeponie „Cracauer Anger"*. Diese achthundert Meter lange und sechshundert Meter breite Erhebung wurde mit einer Oberflächenabdeckung versehen und rekultiviert.

Auch stillgelegte Mülldeponien entfalten ein erstaunliches Innenleben und produzieren Gas! Dieses zur „Energie-Einsparung" zu nutzen, plante man gleich mit: 73 „Gasbrunnen" wurden installiert, fünfzehn Kilometer Rohrleitung im Deponiekörper verlegt. Durch die wird heute das Biogas abgesaugt, in Sammelstationen geleitet und von dort in das nahe Blockheizkraftwerk transportiert, wo es in Wärmeenergie umgewandelt wird. Damit können derzeit das *Erlebnisbad „Nemo"*, Einrichtungen des Elbauenparks sowie die Hallen der Messe Magdeburg, die sich in unmittelbarer Nachbarschaft befindet, beheizt werden. Der Vorrat wird auf neun Millionen Kubikmeter geschätzt und dürfte noch einige Jahre reichen.

Auf der Deponie gibt es einen *Aussichtspunkt*. Von dort blickt man über den Großen und den Kleinen Cracauer Anger und hinüber zur Stadt. Wer sich den Abstieg erleichtern möchte, kann den Schlitten nehmen. Die *Sommerrodelbahn* ist

Aus ehemaligen Schießwällen entstanden Spielplätze für Kinder. Es gibt einen *Kletterfelsen* aus Balkonteilen von Plattenbauten, eine *Seebühne*, das Spielhaus, den Pappeldom und einen 18 Meter hohen Turm mit insgesamt fünf verschiedenen Rutschen.

450 Meter lang, und nach den ersten Schrecksekunden saust man bereits in die Zielgerade.

Am kleinen Angersee steht der °̄ S. 92 *Jahrtausendturm*. Er ist mit seinen 60 Metern nicht nur der höchste, sondern mit Gewissheit auch der kurioseste Holzturm der Welt. Sein Schöpfer heißt Johann Peter Straub, ist Bildhauer und Maler und kommt aus der Schweiz. Im Inneren des Turmes wird der Besucher mit Forschern und Erfindern bekannt gemacht, unter ihnen natürlich auch Otto von Guericke. Auf fünf Ebenen erlebt man eine Zeitreise durch sechstausend Jahre Wissenschafts- und Technikgeschichte, voller Spannung und Faszination. Wer „oben" und damit bei Makrokosmos, Mikrokosmos und in der Gegenwart angekommen ist, der darf sich mit einem *Rundblick* belohnen, ehe er den Rückweg über die 450 Meter lange Außenrampe antritt oder wagemutig per *Zipline* durch die Luft hinabschwirrt.

Der Herrenkrug

„Wenn ich nicht zu Hause bin, so bin ich im Herrenkruge!", lautete die Nachricht, die August Wilhelm Francke für mögliche Besucher hinterließ. Francke, der von 1817 bis 1848 Magdeburger Bürgermeister war, tat viel für die Verschönerung der Stadt und ihrer Umgebung. Der Herrenkrugpark war sein liebstes Kind.

Der in der nördlichen Elbaue gelegene Landschaftspark erstreckt sich auf altem städtischen Besitz. Hier hatten die Ratsherren Wald und Wiesen, und weil es sommers recht angenehm war, baute man das Wächterhäuschen zum Wirtshaus um. Zwischen 1780 und 1790 gab es die ersten planmäßigen Alleen.

Nach Franckes Amtsantritt entstand ein von Johann Andreas Clemens entworfener „Volkspark". In den 1830er Jahren beteiligte sich auch der preußische Gartenkünstler Peter Joseph Lenné an den Planungen. Schrittweise wurde die Anlage zu einem in sich geschlossenen englischen Landschaftspark ausgebaut.

Wo einst das Wirtshaus und nach diesem das Schützenhaus der Pfäl-zer Kolonie gestanden hatte, erhob sich ab 1844 ein *Gesellschaftshaus*. Unter dem verdienstvollen Gartendirektor Paul Niemeyer erhielt der Park zwischen 1863 und 1890 seine heutige Gestalt. Längst verbrachten hier Magdeburger aller Bevölkerungsschichten viele erholsame Stunden. Am 14. Juli 1886 verkehrte erstmals eine „Dampftrambahn" von der Friedrichstadt zum Herrenkrug. Ein Jahr später wurde der Grundstein für ein „Neues Gesellschaftshaus" im Schweizer Stil gelegt.

Schon ab 1838 gab es im Herrenkrug Pferderennen und ab 1887 auch eine *Pferderennbahn*. Als sich dann 1906 der Magdeburger Rennverein gründete, kam der Sport so richtig in Schwung. Im August wurde unter

Mediterranes Flair vor dem „Herrenkrug Parkhotel"

der Schirmherrschaft des Kronprinzen alljährlich ein Hindernisrennen veranstaltet. Es war das größte Herrenreiten der Welt.

Durch die Einbeziehung der Elbwiesenlandschaft wurde der historische Landschaftspark noch um einen _weitläufigen Wiesenpark_ erweitert. Diesen Teil des Herrenkrugs nutzte bis Anfang der 1990er Jahre die Rote Armee. Inzwischen sind die Anlagen in alter Schönheit wiedererstanden. Was an Gebäuden Krieg und Nachkriegszeit überdauert hatte, wurde liebevoll saniert. 1994 eröffnete das „Herrenkrug Parkhotel".

2002 richtete das Jahrhunderthochwasser der Elbe schlimmste Verwüstungen an. Längst ist der Herrenkrug mit seinem reichen Baumbestand, seinen Wiesen, Wegen und Alleen wieder ein beliebtes Ausflugsziel. Und Galopprennen gibt es auch! Der 1845 aufgestellte _Löwe_ im Park ist ein Geschenk des Buchdruckers Faber an Bürgermeister Francke, der

wie ein Löwe für diesen Volkspark gekämpft hat. Auch die **steinerne Bank** am Rondell mit der Inschrift „FUER FAULE" stammt aus dieser frühen Zeit.

Seit 2003 verbindet das **Wasserstraßenkreuz Magdeburg** nördlich der Stadt über eine 918 Meter lange Brücke den Mittellandkanal mit dem Elbe-Havel-Kanal. Das macht die direkte Fahrt von Hannover nach Berlin möglich. Zuvor mussten die Schiffe im **Schiffshebewerk Rothensee** „absteigen", um dann durch die Schleuse Niegripp in den Elbe-Havel-Kanal wieder „einzusteigen".

S. 92

Ein besonderes Abenteuer ist der Ausflug mit einem Schiff der **Weißen Flotte** (Foto S. 55). Der längste beginnt am Petriförder und dauert reichlich vier Stunden. Auf dem Mittellandkanal fährt man über die Brücke und auf der Elbe unter ihr hindurch.

S. 78

Adressen und Öffnungszeiten

Unterhaltung • Einkehren • Übernachten

Kultur und Unterhaltung

Neben den auf den Seiten 78 und 92 genannten innerstädtischen Kunst- und Kultureinrichtungen wird man auch in den Stadtbezirken fündig. In der alten Feuerwache in Sudenburg (Halberstädter Straße 140, Tel. 602809) finden Jazz-, Rock- und Popkonzerte mit Clubcharakter statt und stellen in monatlich wechselnden Expositionen Künstler der Region aus. Die Kugelblitz-Kabarettisten (1977 gegründet) lassen mehrmals im Monat auf dem Theaterschiff MS „Marco Polo"(Petriförder 1, Tel. 03928-469271) die Zwerchfelle vibrieren. Aus dem ehemaligen Studiokino am Moritzplatz (Neue Neustadt) entwickelte sich das Kulturzentrum Moritzhof (Moritzplatz 1, Tel. 25789-32) und lädt zu Theater, Film, Lesung und Ausstellung ein.

Einen guten Überblick zu den Kulturangeboten und Veranstaltungen gibt die *Tourist-Information* (🔎 S. 54). Hier kann man auch die passende Unterkunft buchen. Aus der großstädtischen Angebotsfülle sei hier daher nur eine sehr subjektive Auswahl getroffen.

Übernachten

Luxus à la 4 Sterne Superior bietet mitten in der Stadt das „maritim" (Otto-von-Guericke-Str. 87, Tel. 59490) oder in herrlich grüner Umgebung der „Herrenkrug" (Herrenkrug 3, Tel. 85080). Mit Extravaganz punktet auch „Das Elb" (Tel. 5632660). Direkt am Domplatz hinter historischer Fassade, jedoch im modernen Neubau wohnt man im „Motel One" (Domplatz 5, Tel. 5555450), während die Aura des Malers und Architekten Friedensreich Hundertwasser im „artHotel" (Breiter Weg 9, Tel. 620780) innerhalb der Grünen Zitadelle zu spüren ist. Mit dem besonderen Flair eines familiengeführten Villenhotels empfängt die „Residenz Joop" (Jean-Burger-Str. 16, Tel. 62620).

Familien und junge Leute steigen in der *Jugendherberge* (Leiterstraße 10, Tel. 5321010) komfortabel und preiswert ab, Backpacker werden im „B&B Hotel" (Otto-von-Guericke-Str. 34, Tel. 59768280) fündig. Mit dem *Wohnmobil* kann man am Petriförder oder am Yachthafen ankern – Elbblick inklusive. Natur- und Campingfreunde übernachten auf dem Campingplatz „Barleber See" (Wiedersdorfer Straße 30, Tel. 50 32 44).

Essen und Trinken

Möglichkeiten zum Einkehren gibt es in der sachsen-anhaltischen Landeshauptstadt reichlich. In der warmen Jahreszeit lassen sich Kaffee oder Bier fast überall im Freien genießen. Ein Freiluftlerlebnis der besonderen Art bietet die „Strandbar" (Petriförder 1, Tel. 83809415) direkt am Flussufer. Hier genießt man auf feinem Sand sowohl gehaltvolle Cocktails als auch einen wechselvollen Elbblick. Ebenfalls direkt am Wasser verwöhnt das italienische Restaurant „Culinaria" (Schleinufer 52, Tel. 55579745), das sich unterhalb der Bastion Cleve direkt über dem Domfelsen befindet. Gegenüber lässt es sich im romantischen Biergarten des „Le Frog" (Heinrich-Heine-Platz 1, Tel. 5313556) wunderbar am Adolf-Mittag-See entspannen. Der Blick auf den gotischen Dom erhöht den kulinarischen Genuss der zahlreichen Grillspezialitäten im „Bralo House" (Domplatz 12, Tel. 5357708) und etwas versteckt unterhalb des Remtergangs speist es sich vortrefflich im historischen Umfeld des „Hoflieferanten" (Fürstenwall 3b, Tel. 58 28 2441). Wer gern auf Fleisch aber niemals auf Qualität verzichtet, möge das „Botanica" (Otto-von-Guericke-Str. 66, Tel. 58235399) ansteuern. Nicht zuletzt der Tipp für das Lokaltypische: Original Magdeburger Bötel (Eisbein) in der „Bötel-Stube" (Alter Markt 9, Tel. 5620397).

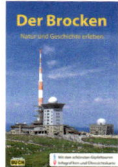

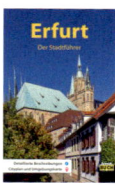

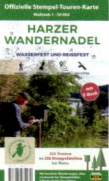